从零开始系列

从零开始学出纳

杨丹 / 编著

从零基础到独立上岗，一本就够

化学工业出版社
· 北 京 ·

内容简介

本书共7章，主要针对出纳这个职位所涉及的工作内容进行了详细的介绍，各章节之间既有区别又有联系。出纳主要的工作内容是什么？出纳应掌握哪些专业知识？在工作中应具备哪些素质以及工作技能和技巧？本书针对以上问题，一一做出了解答。在解答的过程中，本书运用了很多实例，使解答不再空洞且不脱离实际工作。

本书对于出纳新人认识出纳这个职业，解决在工作中遇到的问题以及明确在职业规划中应具备的专业知识和素质等，都有着很强的指导意义。

本书可供准备从事出纳职业的零基础人员或正从事出纳职业的企业工作人员参考。

图书在版编目（CIP）数据

从零开始学出纳 / 杨丹编著. -- 北京 ：化学工业出版社，2025. 12. -- ISBN 978-7-122-49094-0

Ⅰ. F231.7

中国国家版本馆CIP数据核字第202557BU79号

责任编辑：罗　琨　　文字编辑：史燕妮　杨振美
责任校对：王鹏飞　　装帧设计：韩　飞

出版发行：化学工业出版社
（北京市东城区青年湖南街13号　邮政编码100011）
印　　装：三河市双峰印刷装订有限公司
710mm×1000mm　1/16　印张8　字数135千字
2026年1月北京第1版第1次印刷

购书咨询：010-64518888　　售后服务：010-64518899
网　　址：http://www.cip.com.cn
凡购买本书，如有缺损质量问题，本社销售中心负责调换。

定　　价：59.80元

前言

出纳，是会计部门的一个组成部分，主要负责企业现金和银行存款的收入与支出以及其他相关工作。在企业经营活动中，出纳起着举足轻重的作用。一名合格的出纳，对于提高整个会计部门的工作质量及工作效率，起着积极的作用。

对于一个出纳新人而言，在自己的职责和权限范围内，应该具备怎样的基本素养和基本职业技能；每天的工作流程是什么；在工作的过程中，应该具备怎样的基本会计知识；面对每天进进出出的货币资金，应该如何管理；针对工商、税务及社保方面的琐碎事情，应该如何处理；等等，这一切都必须清楚。

本书的特点

■ 实用。本书能够让读者对出纳这个职业有深刻的认识，并帮助读者快速进入出纳这个角色，胜任企业中出纳的一切工作。

■ 浅显易懂。本书的语言通俗易懂，尤其是针对一些概念的描述，用最平实的话讲出最专业的知识，读起来不再那么枯燥乏味且难以理解。

■ 全面。本书由浅入深地、全面地讲述了一名出纳涉及的各个方面的工作，内容比较丰富。

■ 生动。本书将一些重点内容以案例分析和图表的形式表现出来，使读者能够更直观地了解与出纳工作相关的专业知识。

■ 专业。本书不仅能为出纳快速入门提供帮助，而且能让正从事出纳工作的人员对出纳工作有更深的认识，为出纳走上会计之路做好铺垫。

适合阅读本书的读者

本书主要适合以下人员阅读：

- 准备从事出纳职业的零基础人员；
- 已从事出纳职业的企业工作人员；
- 高校财务管理和会计专业的学生及老师；
- 培训机构的学员及老师。

由于编者的时间和水平所限，书中难免出现纰漏，恳请广大读者指正，并提出宝贵意见，以便及时修订和加以完善。

目录

第 1 章 出纳的基本功

第 2 章 凭证、账簿和票据的管理

目录

目录

目录

第1章　出纳的基本功

“台上一分钟，台下十年功”，这句话用于形容出纳工作十分贴切。出纳工作需要很强的操作技巧。作为专职出纳人员，不仅要掌握处理一般会计事务的财会基本知识，还要具备较高的出纳专业水准和快速准确的数字运算能力。

1.1 文字和数字书写规则

出纳在日常工作中要经常填写支票、汇票等相关票据，在填写的过程中必须按照规定来书写。账、证、表的文字以及数字书写是出纳必须具备的基本功。

1.1.1 文字书写规则

出纳在日常工作中经常要书写文字，如本企业单位名称、收款单位等，书写时必须按照一定的规则，否则会给工作带来麻烦。

① 要用蓝黑色墨水笔或碳素墨水笔书写，不得用铅笔、圆珠笔（用复写纸复写除外）。红色墨水笔只在特殊情况下使用。填写支票通常使用碳素笔书写。

② 文字一般要紧靠左竖线书写，文字与左竖线之间不得留有空白部分。

③ 文字不能顶格写，一般要占空格的 1/2 或 2/3。

④ 文字要清晰，要用正楷或行书书写。

1.1.2 数字书写规则

数字是出纳在工作中最常使用的一种工具，正确书写数字是对出纳的最基本的要求，数字书写的要求如下。

（1）阿拉伯数字书写要求

数字应当写清楚，不能连笔写；有外框限制的数字，如支票中的小写数字，必须按要求写在框内；小写金额前面必须填写币种符号，币种符号与小写金额之间不得留有空白，例如，人民币贰佰元整，小写则写成 ¥200.00，其中，“¥”与“200.00”之间不得留有空白；金额数字一律写到角、分，无角、分的，写“00”或者符号“—”，有角无分的，分位写“0”，不得以“—”代替。

（2）大写数字书写要求

大写数字标准写法为：零、壹、贰、叁、肆、伍、陆、柒、捌、玖、拾、佰、仟、万、亿、元、角、分、整（正）。

和小写数字一样，大写数字也必须写工整，尽量用正楷字体书写。大写金额前未印“人民币”字样的，应加填“人民币”三个字，“人民币”字样与金额之间不得留有空白。大写金额数字到元或角为止的，在“元”或“角”之后应当写“整”或“正”；大写金额有分的，“分”字之后不再写“整”或“正”。阿拉伯数字中间有“0”时，汉字大写要写“零”字；阿拉伯数字中间连续有几个“0”时，汉字大写金额只写一个“零”字。例如，小写金额为¥10080.00，大写金额应写成“壹万零捌拾元整”。

1.2 计算器的使用方法

随着科技的进步，手工计算已经渐行渐远，出纳人员在平时工作中用得最多的运算工具是计算器，它省时省力，大大提高了工作效率。下面就介绍计算器的一些基本运用方法。

① ON：开启计算器。

② OFF：关闭计算器。

③ AC：清除所有计算器中的数值并使计算器屏幕显示值为“0”。

④ GT：按下 GT 键，以前操作中每次按“=”之后显示的数值将会被自动累加；再次按下 GT 键，则前面存储器中的记忆将会被消除。

⑤ MRC：第一次按下此键将调用存储器中的内容，第二次按下将清除存储器中的内容，计算器屏幕显示值为“0”或者空白。

⑥ M−：从存储器内容中减去当前显示值。

⑦ M+：按 M+ 键会将当前显示的数值与存储器中的数值相加，结果存入存储器。

⑧ MU：利率和税率计算。

以下操作均在电脑桌面办公计算器上进行。

【例 1-1】 （2+6）*5−5=35

解答：在计算器上的操作顺序为按“ON”“2”“+”“6”“=”“*”“5”“=”“−”“5”“=”；计算器屏幕最后显示值为“35”，操作完成。

也可以省掉前面步骤中的“=”，只保留最后一个“=”的操作，即按“ON”“2”“+”“6”“*”“5”“−”“5”“=”，计算器屏幕最后显示值为“35”，操作完成。

【例 1-2】 （5*7）+（6/2）+（12−5）=45

解答：在计算器上的操作顺序为按“ON”“5”“*”“7”“=”“6”“/”“2”“=”“12”“−”“5”“=”“GT”，计算器屏幕最后显示值为“45”，操作完成。

也可以按“ON”“5”“*”“7”“=”“M+”“6”“/”“2”“=”“M+”“12”“−”“5”“=”“M+”“MRC”，计算器屏幕最后显示值为“45”，操作完成。

【例 1-3】 某国际股份有限公司去年总收入为 520 万元，今年总收入为 720 万元，计算年增长率。

解答：在计算器上操作顺序为按“ON”“720”“-”“520”“MU”，结果约为“38.46”，说明年增长率为 38.46%。

【例 1-4】某国际股份有限公司今年总收入为 720 万元，年增长率为 38.46%，预计明年总收入为多少？

解答：在计算器上操作顺序为按“ON”“720”“*”“38.46”“MU”，结果约为“996.91”，说明按照该增长率预计明年公司总收入会达到 996.91 万元。

【例 1-5】某国际股份有限公司一车间生产的产品，其产品成本为 30000 元，产品的利润率为 30%，则该批产品预计总收入为多少？

解答：在计算器上操作顺序为按“ON”“30000”“/”“30”“MU”，结果约为“42857.14”，说明该批产品在此成本以及利润率的条件下，预计总收入约为 42857.14 元。

1.3 人民币管理

出纳在每天的工作中几乎都要接触现金，有可能会碰到假钞 / 币。如何从一捆钞票中用最快的速度准确地挑出假钞 / 币，以及如何处理这些假钞 / 币，是出纳应该掌握并且达到熟能生巧程度的业务技能。

1.3.1 如何识别人民币真假

目前假钞 / 币在市场上偶有出现，出纳作为公司中最常直接接触现金的人，必须练就一双火眼金睛，同时还要掌握一些辨别假钞 / 币的技巧。针对目前市场上流通的第五套人民币中的 100 元，下面介绍几种常见的辨别真假的方法。

① 在钞票正面左侧空白处，对准光源看纸币，可见与右侧人物头像相同、立体感很强的毛泽东像水印。光变镂空开窗安全线位于票面正面右侧。垂直票面观察，安全线呈品红色；与票面成一定角度观察，安全线呈绿色；透光观察，可见安全线中正反交替排列的镂空文字 “¥100”。正面左下方采用光彩光变油墨面额数字“100”。垂直票面观察，数字以金色为主；平视观察，数字以绿色为主。

② 真钞的正面毛泽东头像、中国人民银行行名、盲文及背面主景人民大会堂等均采用雕刻凹版印刷，用手指触摸有明显凹凸感。

③ 抖动或者用手指轻弹、对拉真钞时，声音很清脆，且不易撕裂或者折断。

④ 真纸币长期对折，纸币折痕处依然平整，无正常纸张对折时出现的裂痕，且折痕处不会出现毛边。

1.3.2 残币的处理方法

依据中国人民银行颁布的《中国人民银行残缺污损人民币兑换办法》的规定，凡残缺、污损人民币属于下列情况的，持有人可向金融机构兑换。

① 能辨别面额，票面剩余四分之三（含四分之三）以上，其图案、文字能按原样连接的残缺、污损人民币，金融机构应向持有人按原面额全额兑换。

② 能辨别面额，票面剩余二分之一（含二分之一）至四分之三以下，其图案、文字能按原样连接的残缺、污损人民币，金融机构应向持有人按原面额的一半兑换。

③ 纸币呈正十字形缺少四分之一的，按原面额的一半兑换。

④ 兑付额不足一分的，不予兑换；五分按半额兑换的，兑付二分。

凡残缺人民币属于下列情况之一者，不予兑换：票面残缺污损二分之一以上者；票面污损、熏焦、水湿、油浸、变色不能辨别真假者；故意挖补、涂改、剪贴、拼凑、揭去一面者。

金融机构在办理残缺、污损人民币兑换业务时，应向残缺、污损人民币持有人说明认定的兑换结果。不予兑换的残缺、污损人民币，应退回给原持有人。

1.4 出纳报告的编制

出纳每月记账后，应根据自己所记的现金日记账、银行存款日记账以及银行对账单等相关资料，定期编制出纳报告单，为企业内外相关人员提供企业现金、银行存款的信息的同时，达到和总账对账的目的。

1.4.1 出纳报告单的编制

不同的企业对财务报告所体现的时期要求不同，所以出纳应该与本企业的会计协商好，根据会计出账的时间来确定出纳出具报告单的时间，步调保持一致。

在出纳报告单中，应包含上期结存数、本期收入、合计、本期支出、本期结存等项目。

① 上期结存数是指此次报告期的前一期期末结存数，即本次报告期前一

天的账面结存金额，同时也是上一期报告单的“本期结存”数，它起到承上启下的作用，能够保持报告单之间的连续性。

② 本期收入。由于库存现金以及银行存款均为资产类账户，资产增加记借方，所以本期收入是指本期日记账上借方合计的数额。

③ 合计是指上期结存数与本期收入的合计数。

④ 本期支出。由于库存现金以及银行存款均为资产类账户，资产减少记贷方，所以本期支出是指本期日记账上贷方合计的数额。

⑤ 本期结存是指本期期末账面余额。它等于“合计”数减去“本期支出”数。本期结存必须与账面实际结存数一致。

出纳报告单如表 1-1 所示。

表 1-1　出纳报告单

企业：　　日期：自　　年　　月　　日至　　年　　月　　日止　　编号：

项　目	库存现金										银行存款										备　注
	千	百	十	万	千	百	十	元	角	分	千	百	十	万	千	百	十	元	角	分	
上期结存数																					
本期收入																					
合计																					
本期支出																					
本期结存																					

财务主管　　记账　　出纳　　复核　　制单

1.4.2　银行存款余额调节表的编制

每个月出纳都要将企业银行存款日记账同本企业开户银行的对账单逐笔核对，达到账账核实的目的。银行账上的存款余额（也就是银行出具的对账单上的存款余额）同本企业账上的存款余额可能一致，也可能不一致，造成不一致的原因主要有两种。

① 银行或者企业记账时，记账金额错误或者漏记某项经济业务，导致双方账上的存款余额不一致。此时，双方应积极排查错误之处，属于记账过程中出现错误的应及时按规定方法更正账目；漏记的经济业务应及时补记。

② 银行或者企业记账未发生错误，但由于票据或者收费凭证等其他结算凭证未及时到达银行或者企业中的某一方，使这一方由于无凭证而出现未登

记的经济业务，而另一方根据结算凭证已及时记账，此时就会出现记账的不平衡，双方账上的存款余额不一致。针对这种情况，主要解决办法就是“调账”，即编制“银行存款余额调节表”。其公式如下：

调节后企业账面银行存款余额 = 企业银行存款日记账余额 + 银行已收入账而企业尚未入账的账款 - 银行已付入账而企业尚未入账的账款

调节后银行对账单余额 = 银行对账单余额 + 企业已收入账而银行尚未入账的账款 - 企业已付入账而银行尚未入账的账款

1.5 发票的管理

发票是指在购销商品、提供或者接受服务以及从事其他经营活动中，开具、收取的收付款凭证。

1.5.1 发票样式说明

发票种类主要有增值税专用发票、普通发票以及专业发票。根据发票的载体形式，还可以分为纸质发票和电子发票。电子发票与纸质发票具有同等法律效力。国家税务总局决定，自 2024 年 12 月 1 日起，在全国正式推广应用全面数字化电子发票（以下简称数电发票）。数电发票将纸质发票的多个票种集成归并为单一票种。票种下按“类”进行划分，目前暂为 6 类。以下以数电发票为例，介绍一下各种发票样式，如图 1-1 ～图 1-6 所示。

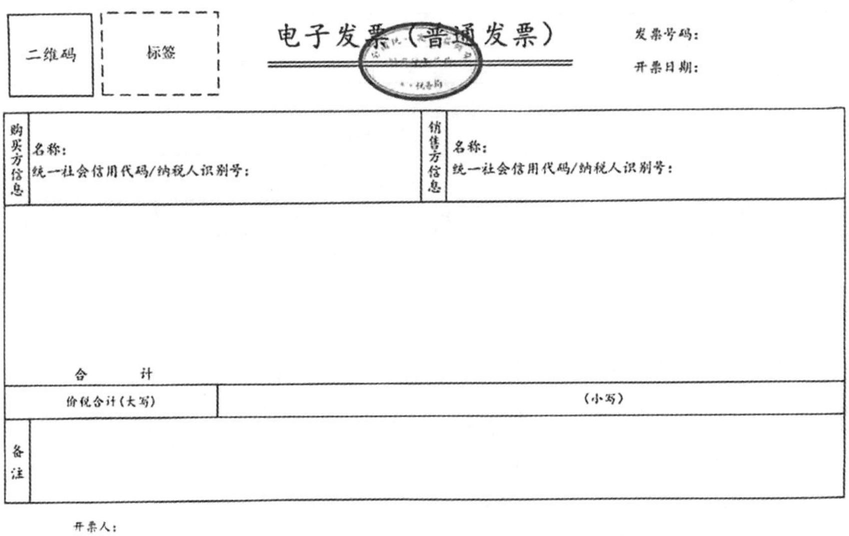

图 1-1　电子发票（普通发票）

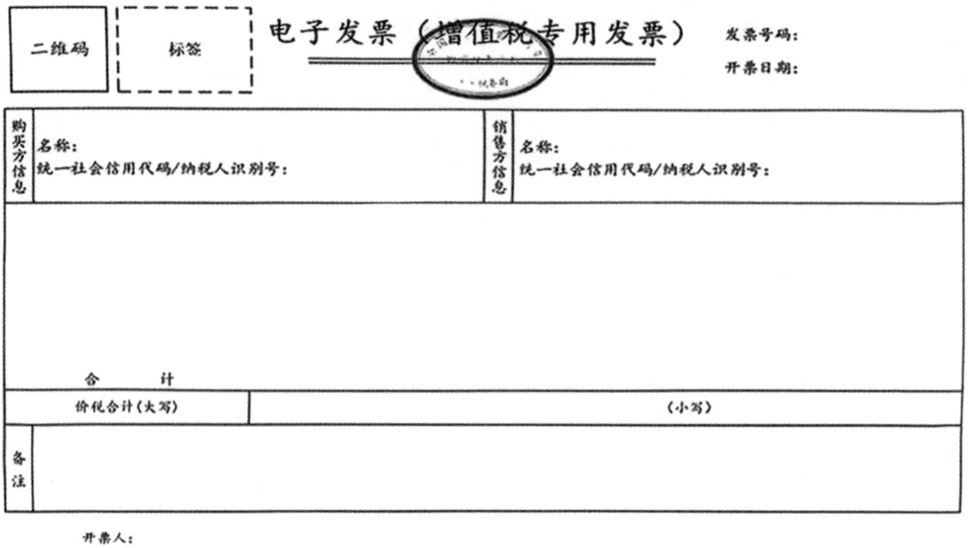
二维码 标签

电子发票（增值税专用发票）

发票号码：

开票日期：

购买方信息	名称： 统一社会信用代码/纳税人识别号：	销售方信息	名称： 统一社会信用代码/纳税人识别号：
合　　计			
价税合计（大写）		（小写）	
备注			

开票人：

图 1-2　电子发票（增值税专用发票）

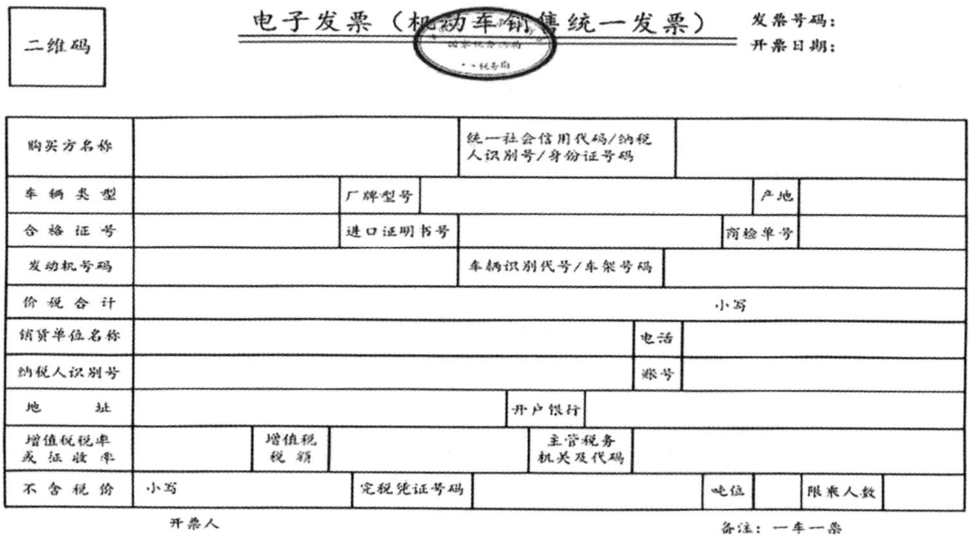
二维码

电子发票（机动车销售统一发票）

发票号码：

开票日期：

购买方名称		统一社会信用代码/纳税人识别号/身份证号码					
车辆类型		厂牌型号		产地			
合格证号		进口证明书号		商检单号			
发动机号码		车辆识别代号/车架号码					
价税合计		小写					
销货单位名称		电话					
纳税人识别号		账号					
地址		开户银行					
增值税税率或征收率		增值税税额		主管税务机关及代码			
不含税价	小写	完税凭证号码		吨位		限乘人数	

开票人　　　　备注：一车一票

图 1-3　电子发票（机动车销售统一发票）

在电子发票（增值税专用发票）和电子发票（普通发票）两类数电发票下，根据特定业务标签，目前设置了建筑服务、成品油、报废产品收购、旅客运输服务、货物运输服务、不动产销售、不动产经营租赁服务、农产品收购、光伏收购、代收车船税、自产农产品销售、差额征税、机动车、二手车、代开发票、通行费、医疗服务、拖拉机和联合收割机、稀土等特定业务发票。

电子发票（二手车销售统一发票）

二维码

发票号码：
开票日期：

买方单位/个人		单位代码/身份证号码			
买方单位/个人住址				电话	
卖方单位/个人		单位代码/身份证号码			
卖方单位/个人住址				电话	
车牌照号		登记证号		车辆类型	
车辆识别代号/车架号码		厂牌型号		转入地车辆管理所名称	
车价合计（大写）				小写	
经营、拍卖单位					
经营、拍卖单位地址				纳税人识别号	
开户银行、账号				电话	
二手车市场		纳税人识别号			
		地址			
开户银行、账号				电话	

备注：　　　　开票人

图 1-4　电子发票（二手车销售统一发票）

电子发票（航空运输电子客票行程单）

国内国际标识：　　二维码　　开票状态：
发票号码：

旅客姓名	有效身份证件号码					签注			
	承运人	航班号	座位等级	日期	时间	客票级别/客票类别	客票生效日期	有效截止日期	免费行李
自： 至： 至： 至： 至：									
	票价	燃油附加费	增值税税率	增值税税额	民航发展基金	其他税费	合计		
电子客票号码：	验证码：	提示信息：					保险费：		
销售网点代号：	填开单位：						填开日期：		
购买方名称：				统一社会信用代码/纳税人识别号：					

图 1-5　电子发票（航空运输电子客票行程单）

1.5.2　发票真伪的鉴别和检查

出纳在日常工作中要经常审核各种发票，除了看发票发生的事项是否合理以外，还要审核发票的真实性，即辨别发票的真伪。以下介绍两种比较常见且方便的查验发票真伪的方法。

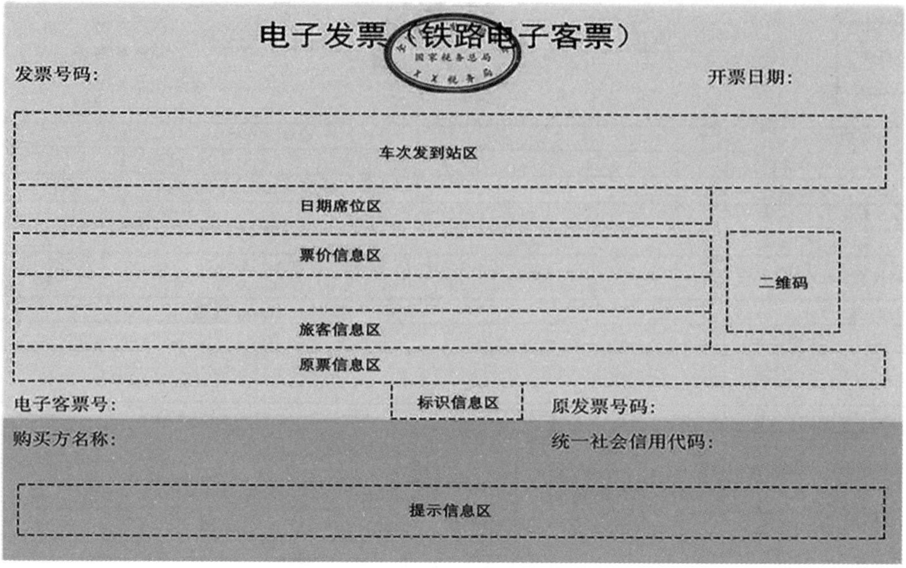

图 1-6　电子发票（铁路电子客票）

（1）通过全国增值税发票查验平台进行查验

① 登录增值税发票查验平台，依据取得的纸质发票或电子发票，在页面中根据要求输入相关的查验项目信息，如图 1-7 所示。

图 1-7　发票查验（1）

② 确认输入的信息无误后，点击查验按钮，系统自动弹出查验结果。以电子发票（普通发票）为例，如图 1-8 所示。

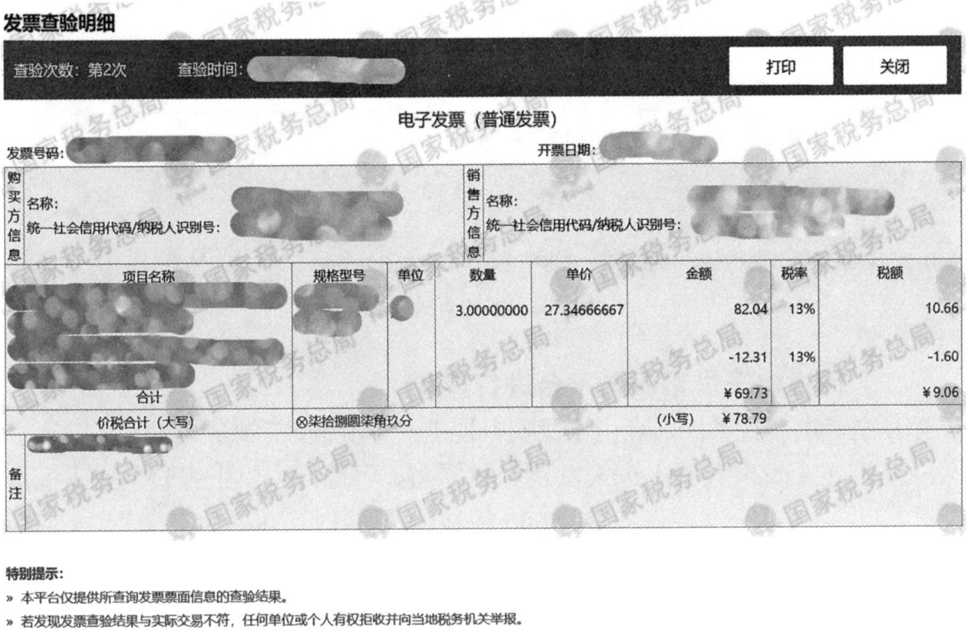
发票查验明细

查验次数：第2次　查验时间：　打印　关闭

电子发票（普通发票）

发票号码：　开票日期：

购买方信息	名称： 统一社会信用代码/纳税人识别号：	销售方信息	名称： 统一社会信用代码/纳税人识别号：

项目名称	规格型号	单位	数量	单价	金额	税率	税额
			3.00000000	27.34666667	82.04	13%	10.66
					-12.31	13%	-1.60
合计					¥69.73		¥9.06
价税合计（大写）	⊗柒拾捌圆柒角玖分				（小写） ¥78.79		
备注							

特别提示：

» 本平台仅提供所查询发票票面信息的查验结果。

» 若发现发票查验结果与实际交易不符，任何单位或个人有权拒收并向当地税务机关举报。

图 1-8　发票查验（2）

③ 若查询不到，则会显示结果为不一致或查无此票两种情况，如图 1-9 和图 1-10 所示。如出现这两种情况，需仔细核对开票信息，及时查找具体原因。

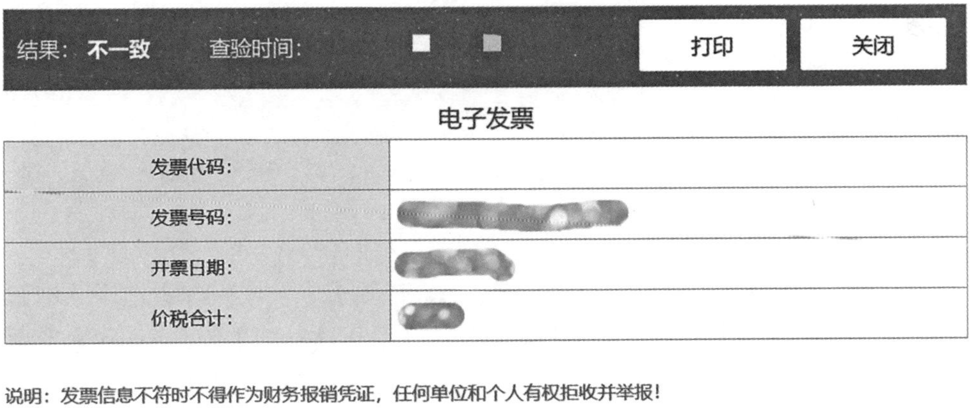
结果：不一致　查验时间：　打印　关闭

电子发票

发票代码：	
发票号码：	
开票日期：	
价税合计：	

说明：发票信息不符时不得作为财务报销凭证，任何单位和个人有权拒收并举报！

图 1-9　发票查验（3）

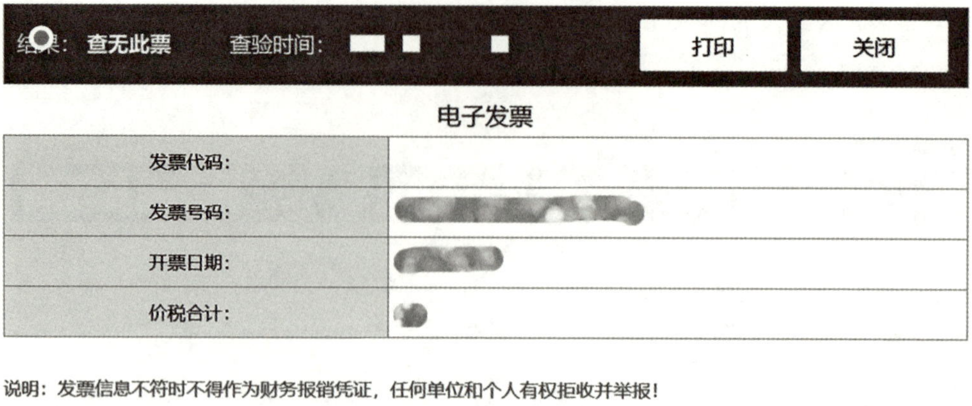

图 1-10　发票查验（4）

（2）通过电子发票服务平台进行查验

① 登录电子税务局，点击【我要办税】—【税务数字账户】。

② 点击【发票查验】进入发票查验界面。可进行【单张查验】或【批量查验】（平台支持一次性最多查验 500 条）。如图 1-11 所示。

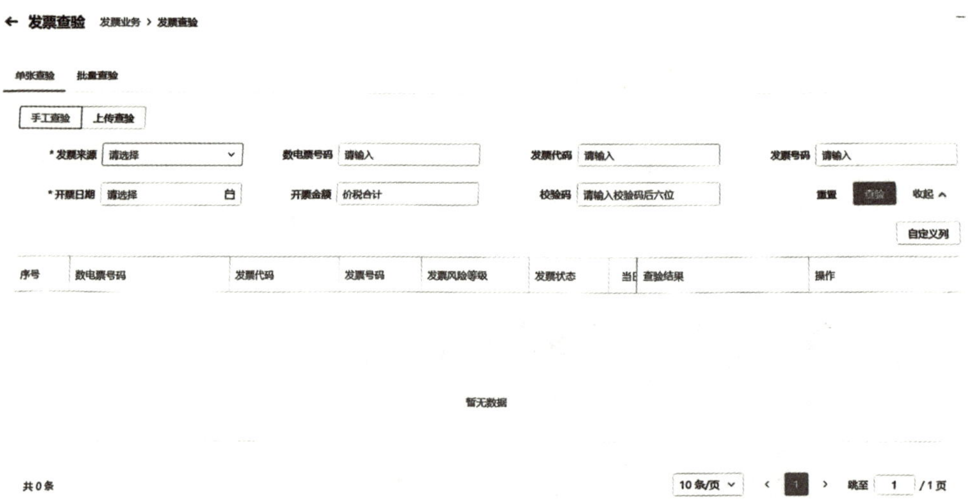

图 1-11　发票查验（5）

③ 以【单张查验】为例，若选择【手工查验】，【发票来源】选择“增值税发票管理系统”，【发票代码】【发票号码】【开具日期】为必填项；【发票来源】选择“电子发票服务平台”，【数电票号码】【开具日期】为必填项；手工输入信息后，点击【查验】即可查看【查验结果】。如图 1-12 所示。

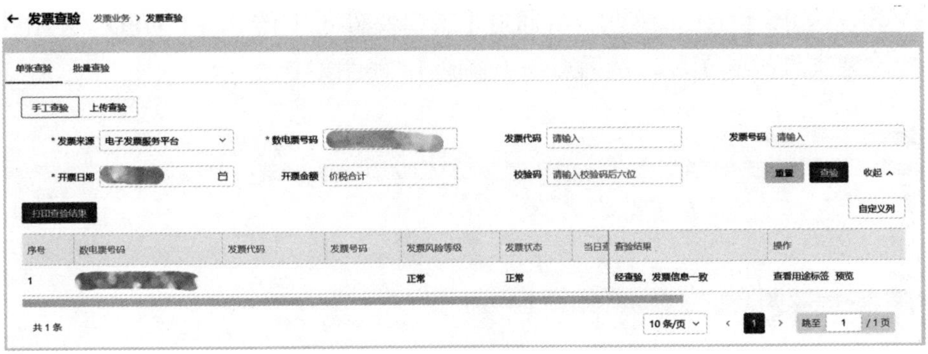

图 1-12　发票查验（6）

④【打印查验结果】，点击【查验】后，界面会显示发票的基本信息及查验次数、查验时间、查验结果。如图 1-13 所示。

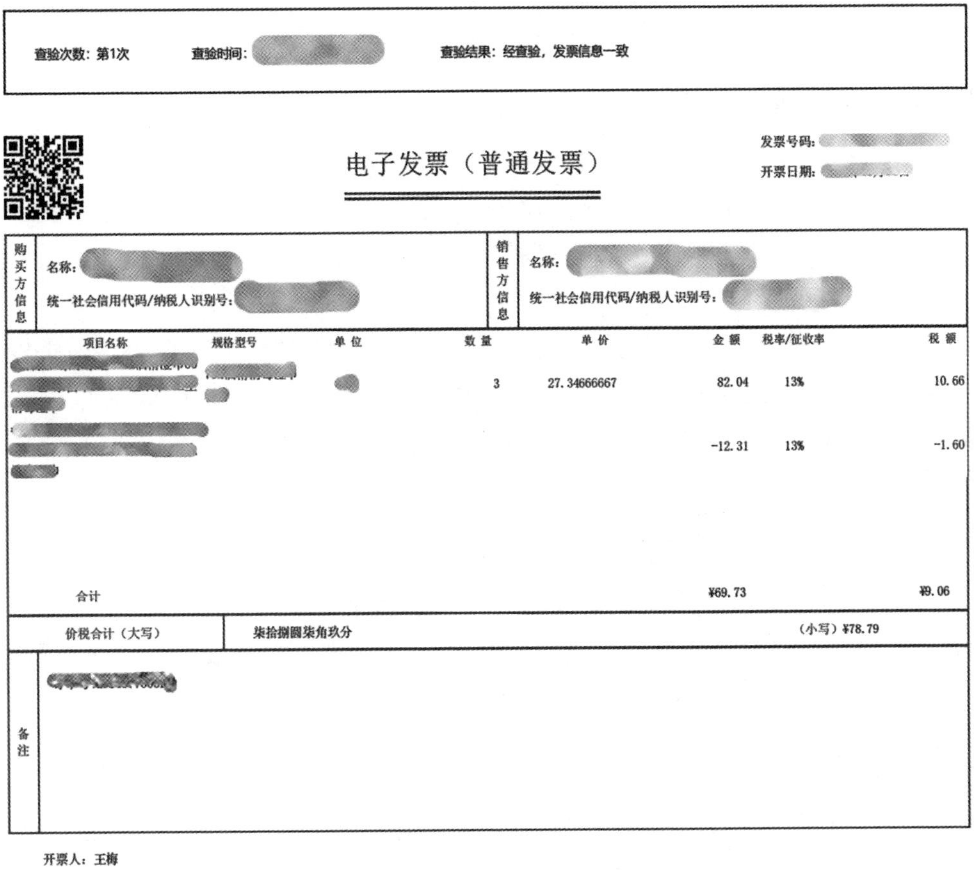

查验次数：第1次　查验时间：　查验结果：经查验，发票信息一致

电子发票（普通发票）

发票号码：
开票日期：

购买方信息	名称： 统一社会信用代码/纳税人识别号：	销售方信息	名称： 统一社会信用代码/纳税人识别号：

项目名称	规格型号	单 位	数 量	单 价	金 额	税率/征收率	税 额
			3	27.34666667	82.04	13%	10.66
					-12.31	13%	-1.60
合计					¥69.73		¥9.06

价税合计（大写）	柒拾捌圆柒角玖分	（小写）¥78.79
备注		

开票人：王梅

图 1-13　发票查验（7）

⑤ 若选择【上传查验】，可通过【选择文件】上传PDF、OFD、XML和含有发票二维码的图片，然后点击【查验】。如图1-14所示。

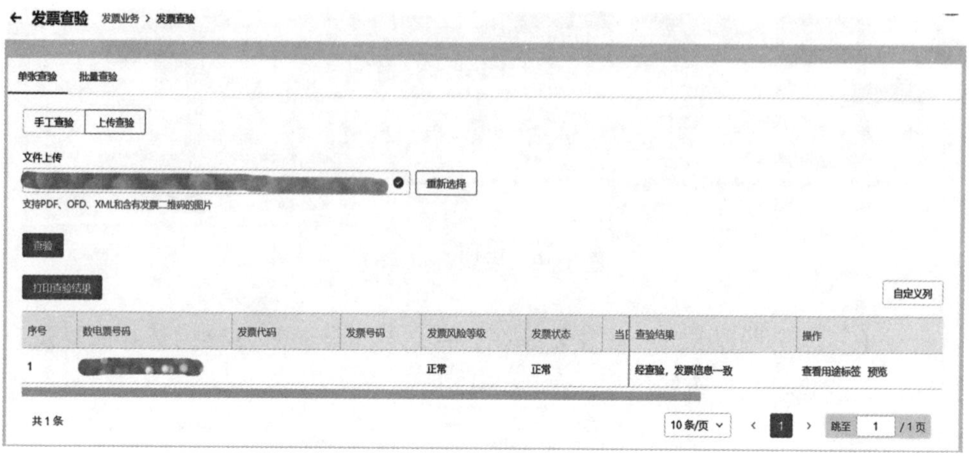

图1-14 发票查验（8）

1.5.3 发票的领用

企业需要开具发票时，一般由出纳带齐资料前往主管税务局领用发票。《中华人民共和国发票管理办法》第十五条规定："需要领用发票的单位和个人，应当持设立登记证件或税务登记证件，以及经办人身份证明，向主管税务机关办理发票领用手续。"

不同地区的发票领用方式可能会略有不同，具体操作方法和要求应根据当地规定进行。税务机关根据单位和个人的税收风险程度、纳税信用级别、实际经营情况确定或调整其领用发票的种类、数量、额度以及领用方式。

1.5.4 发票的开具流程

随着互联网、大数据等技术的快速发展，电子发票应用越来越普遍。《中华人民共和国发票管理办法》第三条规定："发票包括纸质发票和电子发票。电子发票与纸质发票具有同等法律效力。国家积极推广使用电子发票。"数电发票是电子发票的一种，将在全国推广应用，以下以数电发票为例，介绍一下电子发票的开具流程。

① 进入新电子税务局（全国统一规范电子税务局），功能菜单依次选择【税务数字账户】—【发票业务】—【蓝字发票开具】，如图1-15、图1-16所示。

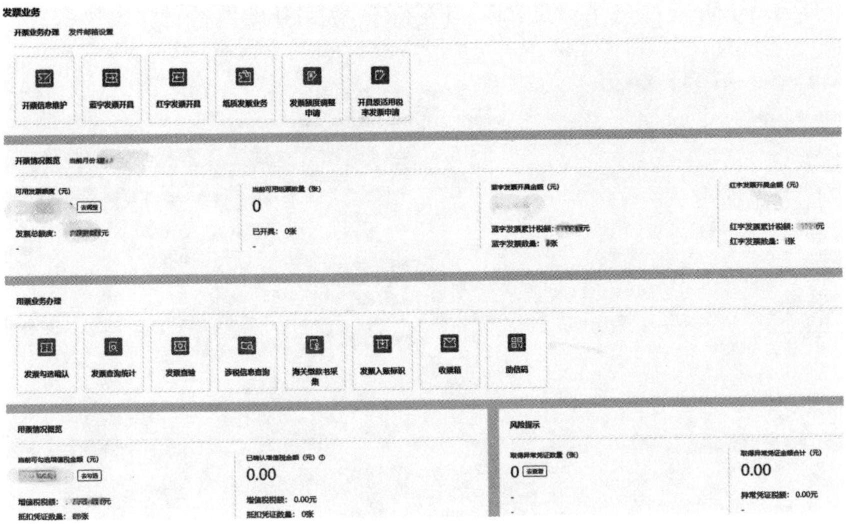

图 1-15　发票开具（1）

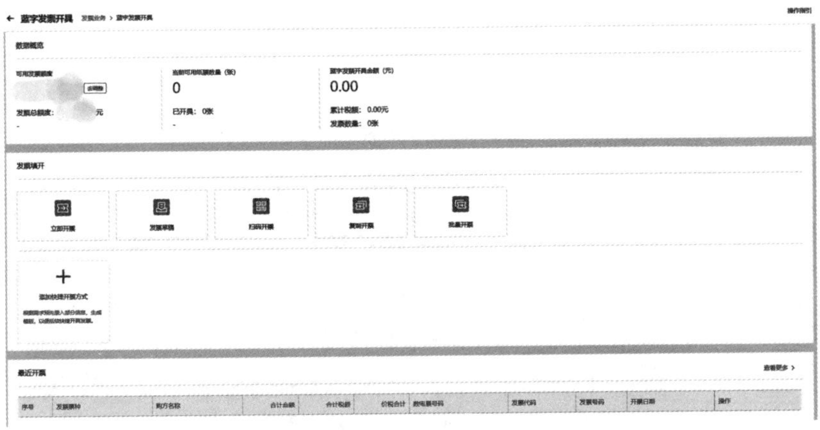

图 1-16　发票开具（2）

② 点击【蓝字发票开具】的“立即开票”功能，弹出立即开票页面，如图 1-17 所示。

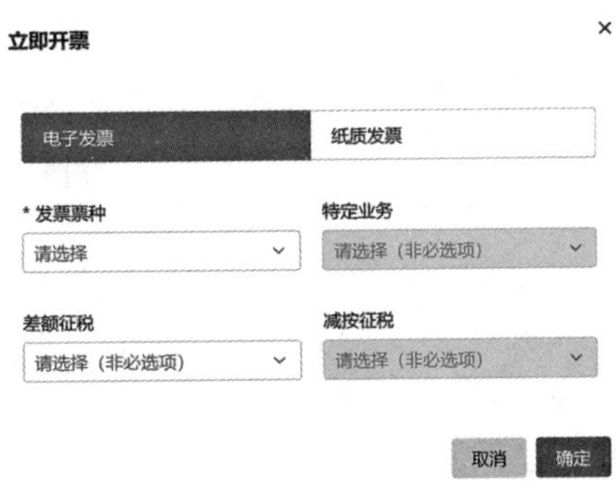

图 1-17　发票开具（3）

③ 在【立即开票】页面选择发票类型、票种标签等信息后，点击“确定”进入蓝字发票开具表单视图界面，如图 1-18 所示；或点击右上角“切换至票样视图”切换成票样视图进行填

写，如图 1-19 所示；点击“取消”则关闭“立即开票”窗体。

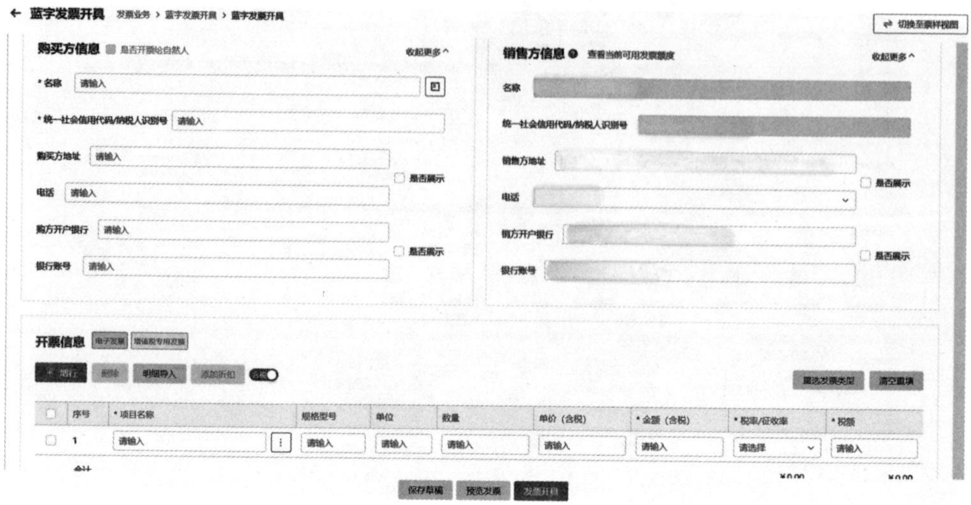

图 1-18　发票开具（4）

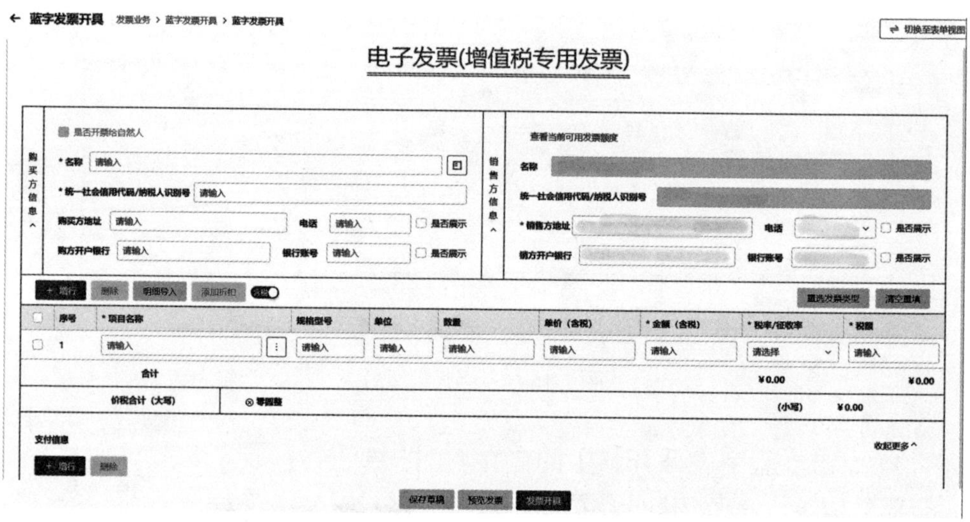

图 1-19　发票开具（5）

④ 依次填写发票中的相关信息，填写完毕后，点击“保存草稿”，保存所填信息并同步到发票草稿模块；点击“预览发票”，预览正式票样的发票内容；点击“发票开具”，系统将对发票填写规范、业务逻辑进行校验：校验通过，系统自动进行发票赋码，加盖电子印章并生成电子发票，显示“开票成功”提

示，如图 1-20 所示，如校验不通过，则显示失败的原因。

图 1-20　发票开具（6）

⑤ 开票成功后，可通过以下多种方式将发票交付给购买方：

点击“邮箱交付”，在弹出页面选择文件格式和输入邮箱地址，点击“发送”进行交付；

点击“二维码交付”，在弹出页面将二维码展示给购买方，由购买方扫描二维码获取发票；

点击“发票下载 PDF”“发票下载 OFD”“下载为 XML”，将发票下载到电脑本地，再通过其他方式交付给购买方。

注意：纳税人基础信息【登记自定义类别】为特定业务相关企业时，才允许选择开具含有特定要素的发票；增值税专用发票不允许开具免税、不征税、零税率的发票。

1.5.5　退票、废票的处理

开具发票之后，有时会遇到开票有误、销货退回、服务中止、销售折让等情形，此时，纸质发票开具日期如果是当月，可以进行作废处理。开具日期非当月，不允许作废。

进入新电子税务局（全国统一规范电子税务局），功能菜单依次选择【税务数字账户】—【开票业务】—【纸质发票业务】—【纸质发票作废】，如图 1-21 所示。

纸质发票开具日期非当月，不允许作废，只能开具红字发票进行红冲；电子发票开具日期无论是否当月，都只能开具红字发票进行红冲。

图 1-21　纸质发票作废

1.6　印章的管理

在企业的经营活动中，经常会用到印章。印章是企业行使职权的重要凭证和工具。印章如果丢失，会严重影响到企业的正常经营，很可能会造成企业利益的损失。为了避免一些不必要的纠纷以及损失，印章的使用以及保管一定要严格遵照有关规定。

1.6.1　印章的使用

公司的各类印章由各级和各岗位专人依据职权领取和保管。出纳主要负责财务章或人名章的保管。在保管过程中，出纳人员应严格按照规定使用印章。

① 企业内有员工需要用财务章或人名章时，必须向出纳出具相关领导的使用印章证明，明确说明使用印章的目的，方可使用印章。

② 不得在空白凭证或者空白纸上加盖印章，以免对企业产生不利影响。确有需要时，必须经领导批准方可盖印，盖印的相关情况应登记在册，如盖印人、盖印目的、盖印时间、盖印批准人及相关附件等。

【例 1-6】 某国际股份有限公司某员工为方便外出办事，未办理任何手续便携带若干张加盖了财务章的空白纸，以备不时之需。分析其做法是否正确并解释原因。

解答： 该员工的做法是错误的。根据印章使用的相关规定，为避免对企业产生不利影响，不得在空白纸上加盖印章。确有需要时，应有相关领导的批示并按规定办理相关手续。该员工未办理任何手续便私自带加盖印章的空白纸外出办事是不对的。

1.6.2 印章的保管

出纳对于自己保管的印章，如财务章或人名章等，应按照相关规定来管理，防止因印章丢失给企业带来经济或者其他损失。

① 出纳在使用和保管财务章或人名章时，不得将印章私自借与他人使用。如实在需要借用，必须经过相关领导的批准方可使用。

② 印章原则上不得被携带外出。但在实际工作中，出纳因购买支票、汇款等日常工作确实需要将财务章或人名章携带外出的，必须由财务部门领导批准才可带出。

③ 印章平时必须妥善保管，一旦遗失，应在第一时间报告给上级领导。出纳应同时填写“更换印鉴申请书”，遗失人名章的由开户单位备函证明，经银行同意后按规定办法更换印鉴，并在新印鉴卡上注明情况。

【例 1-7】 某国际股份有限公司出纳去银行购买新支票，由财务部门领导批示，携带财务章以及人名章前往银行购买支票。分析出纳的做法是否正确，并解释理由。

解答： 出纳的做法是正确的。根据印章管理的相关规定，印章原则上不得被携带外出，但在实际工作中，出纳因购买支票、汇款等日常工作确实需要将财务章或人名章携带外出的，必须由财务部门领导批准才可带出，所以出纳的做法是正确的。

第2章 凭证、账簿和票据的管理

任何单位在处理任何经济业务时，都必须由执行和完成该项经济业务的相关人员从外部获取或自行填制相关凭证，经严格审核并确认无误后，方可作为记账依据。然而，会计凭证数量庞大、内容分散，缺乏系统性，不便于会计信息的整理与报告。因此，会计账簿应运而生，旨在全面、系统、连续地核算和监督单位的经济活动及其财务收支情况。

2.1 凭证的管理

企业在生产经营活动中，会用到很多种凭证，以记录生产经营活动的每个环节。对于这些凭证，企业应按要求使用并归类整理、保管好，以备后面核查时使用。

2.1.1 原始凭证的填制

由于企业性质不同，经济业务的种类和内容不同，原始凭证的格式和内容也千差万别。但无论何种原始凭证，都必须具备以下基本内容：

① 原始凭证名称。

② 原始凭证的日期。

③ 接受原始凭证的单位名称。

④ 经济业务内容（含数量、单价、金额等）。

⑤ 填制单位名称。

⑥ 有关人员签章（签名和/或盖章）。

⑦ 必要时还应有凭证附件。

原始凭证的填制要求如下：

① 原始凭证上记载的经济业务，必须与实际情况相符，决不允许有任何歪曲或弄虚作假的情况。每张凭证上填列的日期、业务内容、数量、单价、金额等应当真实可靠，这样才能保证会计信息的客观真实性。

② 从个人取得的原始凭证，必须有填制人的签名或盖章；自制原始凭证，必须有部门负责人和经办人员的签名或盖章；对外开出的原始凭证，必须加盖本企业的发票专用章。

③ 原始凭证必须逐项填写完整的经济业务内容，一式几联的原始凭证通常用复写纸套写，单联的原始凭证通常用黑色墨水的钢笔或者签字笔填写，字迹要清楚、工整。

④《会计基础工作规范》第四十八条规定："（原始凭证）不得随意涂改挖补，发现原始凭证有错误的，应当由开出单位重开或者更正。"对于不能更正的原始凭证，第四十七条规定："作废时应当加盖'作废'戳记，连同存根一起保存，不得撕毁。"以备核查之用。

⑤ 原始凭证上的数字填写与支票数字填写规定一样，小写数字不得连笔，数字前必须加币种符号，符号与数字之间不得留有空白；大写金额最后为

“元”“角”的应加写“整”或“正”字结尾；金额数要写到角、分为止，无角、分的用“00”或符号“—”表示，有角无分的，分位应写“0”，此时不能用符号“—”。

⑥ 填写大写金额时，事先印好的“人民币”字样与大写数字之间不得留空；金额数字中间有“0”时，汉字大写金额要写“零”字；书写时，数字的大写金额和小写金额必须保持一致。

⑦ 加盖公司发票专用章或者其他相关印章时，必须保证清楚，易于辨认。

⑧ 各种凭证都必须连续编号，不能跳号，以备查考。

【例 2-1】 某国际股份有限公司出纳在开具发票时，将付款单位“远扬科技有限公司”写成了“远扬科技技术有限公司”，出纳在交付发票时并未发现此错误。

上述案例中，出纳的做法是否正确？具体说明原因。

解答：出纳的做法是错误的。根据原始凭证填制要求，原始凭证上记载的经济业务，必须与实际情况相符，决不允许有任何歪曲或弄虚作假的情况，每张凭证上填列的日期、业务内容、数量、单价、金额等应当真实可靠以及对于不能更正的原始凭证，“作废时应当加盖‘作废’戳记，连同存根一起保存，不得撕毁”。出纳开具的发票是错误的，不符合经济业务发生的实际情况。针对这种情况，出纳应将原发票加盖“作废”戳记，连同存根一起保存，不得随意撕毁，并重新开具正确发票交予对方。

2.1.2 原始凭证的审核

为了真实反映经济业务的发生以及完成情况，保证原始凭证上记载的经济业务与实际情况相符，原始凭证必须经过审核，确定其是真实、合法、合理、完整的，才可以入账。

审核的内容主要有以下几点：

① 原始凭证是否真实。看凭证上所记录的经济业务是否是真实发生的，经济业务的各个要素是否真实，即付款单位是否真实，项目、数量、单价以及金额是否真实，日期是否真实，以及所加盖的相关印章是否真实。只有保证经济业务的真实性，才有后面审核凭证的可能性。

② 原始凭证是否合法。原始凭证涉及的经济业务内容是否属于法律允许的范畴。对于不合法的原始凭证，出纳有权拒绝受理。

③ 原始凭证是否合理。在原始凭证真实可靠且合法的基础上，看此项经济业务是否合理，有无铺张浪费，有无不切实际，是否符合费用支出标准。

④ 原始凭证是否完整。对于凭证上的所有经济要素，即付款单位、项目、单价、数量、金额、收款人、日期以及印章，要看其是否填制完整、正确。《中华人民共和国会计法》规定，对记载不准确、不完整的原始凭证应予以退回，并要求按照国家统一的会计制度的规定更正、补充。

出纳在审核原始凭证时，必须严格把关，保证传递到下一步的所有凭证是真实、合法、合理、完整的，这样也有利于避免企业经济利益出现一些不必要的损失。

【例 2-2】 某国际股份有限公司出纳在审核发票时，发现一张手写发票上将付款单位"某国际股份有限公司"写成了"某国际股份公司"，出纳因为嫌麻烦，就自行在发票上补了"有限"两个字，随后将发票入账。

上述案例中，出纳的做法是否正确？具体说明原因。

解答： 出纳的做法是错误的。《会计法》规定，对记载不准确、不完整的原始凭证应予以退回，并要求按照国家统一的会计制度的规定更正、补充。出纳审核的这张发票属于记载不准确、不完整的发票，应当予以退回，要求重开，所以，出纳的做法是错误的。

【例 2-3】 某国际股份有限公司出纳在开具发票时，按照规定，发票的项目应该写"技术服务费"，但是对方要求出纳将发票项目写成"咨询费"，出纳拒绝了对方的这个要求，还是按规定开具了发票。

上述案例中，出纳的做法是否正确？具体说明原因。

解答： 出纳的做法是正确的。根据规定，原始凭证上所记录的经济业务应是真实发生的，经济业务的各个要素是真实的，即付款单位、项目、数量、单价以及金额都是真实的。只有保证经济业务的真实性，才有后面审核凭证的可能性。

2.1.3 记账凭证的填制

由于原始凭证的来源比较广泛，所以格式不尽相同。出纳在审核完原始凭证后，要将这些合格的原始凭证加以归类整理，方便下一步会计的操作，即记账。记账是根据归类整理好的原始凭证，填制具有统一格式的记账凭证，并将原始凭证附在记账凭证后面，方便登记账簿和进行记账凭证与账簿记录的核对，防止会计凭证的丢失，并且方便日后查找。

编制记账凭证时，必须按顺序连续编号，根据企业的实际情况，可以统一编号，也可以分类编号。统一记账凭证的记账编号记作“记字第 ×× 号”。记账凭证的内容主要包括记账日期、记账凭证编号、经济业务内容摘要、经济业务涉及的会计科目以及记账方向、经济业务发生的金额、所附原始凭证的张数以及相关人员的签章等。所有事项均应按照原始凭证如实填写，以保证会计信息的准确性、真实性。记账凭证的样式如表 2-1 所示。

表 2-1　记账凭证的样式

记账凭证

年　　月　　日　　　　　　　　　　　　　　记字第　号

摘要	会计科目	借方金额	贷方金额
附单据　　张	合　　计		

会计主管：　　复核：　　记账：　　出纳：　　经办：　　制单：

【例 2-4】 某国际股份有限公司出纳 20×× 年 2 月 12 日从银行提取现金 45000 元，现金支票号码为 5513。现金支票存根联如图 2-1 所示。

中国工商银行
现金支票存根
10201110
01375513
附加信息

出票日期20××年2月12日

收款人：某国际股份有限公司
金额：45000.00
用途：差旅费

单位主管　　　　会计

图 2-1　现金支票存根联

根据以上原始凭证，填制相关记账凭证，如表 2-2 所示。

表 2-2　记账凭证

记账凭证

20×× 年 2 月 28 日　　　　记字第 6 号

摘要	会计科目	借方金额	贷方金额
提现	库存现金	45000.00	
提现 5513#	银行存款		45000.00
附单据 1 张	合　计	45000.00	45000.00

会计主管：张三　复核：张三　记账：李四　出纳：王小小　经办：　制单：

【例 2-5】 某国际股份有限公司 20×× 年 2 月 14 日用现金 860 元购买办公用品。根据购买办公用品时取得的发票，填制记账凭证，如表 2-3 所示。

表 2-3　记账凭证

记账凭证

20×× 年 2 月 14 日　　　　记字第 9 号

摘要	会计科目	借方金额	贷方金额
购买办公用品	管理费用	860.00	
购买办公用品	库存现金		860.00
附单据 1 张	合　计	860.00	860.00

会计主管：张三　复核：张三　记账：李四　出纳：王小小　经办：　制单：

分类编号是根据企业发生经济业务时资金的进出方向来编号，即按现金和银行存款收入、现金和银行存款支出以及转账业务三类进行编号，分别编为收字第××号、付字第××号、转字第××号。

收款凭证是用于记录企业现金或者银行存款收款业务的记账凭证，是出纳据以收款并登记账簿的凭证。

【例 2-6】 接【例 2-4】，根据企业所发生的经济业务，编制收款凭证如表 2-4 所示。

表 2-4　收款凭证

收款凭证

借方科目　库存现金　　　20××年 2 月 12 日　　　收字第 3 号

摘要	贷方科目		记账方向	金额
	一级科目	明细科目		
提取现金	银行存款		贷	45000.00
合计				45000.00

附单据 1 张

会计主管：张三　记账：李四　出纳：王小小　审核：　制单：

付款凭证是用于记录企业现金或者银行存款付款业务的记账凭证，是出纳据以付款并登记账簿的凭证。

【例 2-7】 接【例 2-5】，根据企业所发生的经济业务，编制付款凭证如表 2-5 所示。

表 2-5　付款凭证

付款凭证

贷方科目　库存现金　　　20××年 2 月 14 日　　　付字第 17 号

摘要	借方科目		记账方向	金额
	一级科目	明细科目		
购买办公用品	管理费用	办公费	借	860.00
合计				860.00

附单据 1 张

会计主管：张三　记账：李四　出纳：王小小　审核：　制单：

转账凭证是记录企业不涉及现金以及银行存款业务的凭证。

【例 2-8】 某国际股份有限公司 20×× 年 2 月 21 日从甲公司购进一批原材料，价款 100000 元，增值税额 16000 元，款项已打入对方账户。根据企业所发生的经济业务，编制转账凭证如表 2-6 所示。

表 2-6 转账凭证

转账凭证

20×× 年 2 月 21 日　　　　转字第 4 号

摘要	会计科目		借方金额	贷方金额
	一级科目	明细科目		
购进原材料	原材料		100000.00	
购进原材料	应交税费	应交增值税（进项税额）	16000.00	
购进原材料	应付账款	甲公司		116000.00
合计			116000.00	116000.00

附单据 1 张

会计主管：张三　记账：李四　出纳：王小小　审核：　制单：

记账凭证的填制要求如下：

① 记账凭证的日期可以在填写记账凭证的当日填写，也可以在月末填写。

② 记账凭证无论是统一编号还是分类编号，均应分月份按自然数字顺序连续编号。通常，一张记账凭证编一个号，不得跳号、重号。

③ 凭证内容必须依据原始凭证填写完整，摘要应与原始凭证一样，表述简练而易懂。

④ 为方便核算，同类原始凭证应汇总记账，如所有的火车票应尽量附在同一张记账凭证后面，填制在同一张凭证上，方便日后账证核对。

⑤ 与原始凭证填写要求相同，记账凭证填制时，文字的书写应清晰可辨，数字的大小写应遵循原始凭证的书写规范。

⑥ 填制记账凭证时若发生错误，应当重新填制，不得在记账凭证的原错误上挖补修改。

⑦ 除更正错误以及结账的记账凭证可以不附原始凭证外，其他记账凭证必须附原始凭证。

⑧ 记账凭证填制完经济业务事项后，如有空行，应当自金额栏最后一笔

金额数字下的空行处至合计数上的空行处划线注销。

2.1.4 记账凭证的审核

记账凭证填制完成后，为保证其与原始凭证的一致性，保证其能够被正确地记录在账簿上，必须对记账凭证进行审核，审核的内容大致如下：

① 日期是否正确。

② 凭证编号是否连续。

③ 摘要是否与原始凭证一致。

④ 会计科目是否正确，其记账方向是否正确。

⑤ 文字与数字的书写是否遵照原始凭证的文字与数字书写的规范。

⑥ 金额填写是否正确。

⑦ 记账凭证后面是否附有原始凭证。

对于审核后发现有错误的记账凭证，必须按规定予以改正。已登记入账的记账凭证在当年内发现填写错误时，可以用红字填写一张与原内容相同的记账凭证，在摘要栏注明“注销某月某日某号凭证”字样，冲掉错误的记账凭证。同时再用蓝字重新填制一张正确的记账凭证，注明“订正某月某日某号凭证”字样。会计科目没有错误，只是金额错误，可将正确数字与错误数字之间的差额计算出来，另编一张调整的记账凭证，调增金额用蓝字，调减金额用红字。发现以前年度记账凭证有错误时，若不涉及损益类科目，应当用蓝字填制一张更正的记账凭证。

【例 2-9】 接【例 2-4】，根据现金支票的存根联，编制记账凭证如表 2-7 所示。

表 2-7　记账凭证

记账凭证

20×× 年 2 月 28 日　　记字第 6 号

摘要	会计科目	借方金额	贷方金额
提现	银行存款	45000.00	
提现 5513#	库存现金		45000.00
附单据 1 张	合　计	45000.00	45000.00

会计主管：张三　复核：张三　记账：李四　出纳：　经办：　制单：

根据记账凭证的审核内容，审核表 2-7 中记账凭证的编制是否正确，并说明原因。

解答：表 2-7 中的记账凭证是错误的。在【例 2-4】中，企业提取现金，其借方应为“库存现金”，贷方为“银行存款”，表 2-7 中的记账方向刚好相反，所以是错误的，应及时进行更正。

更正方法如下：用红字填写一张与表 2-7 中内容相同的记账凭证，在摘要栏注明“注销 20×× 年 2 月 28 日记字第 6 号凭证”字样，冲掉错误的原始凭证。同时再用蓝字重新填制一张如表 2-2 所示的正确的记账凭证，注明“订正 20×× 年 2 月 28 日记字第 6 号凭证”字样。

【例 2-10】 接【例 2-4】，根据现金支票的存根联，编制记账凭证如表 2-8 所示。

表 2-8 记账凭证

记账凭证

20×× 年 2 月 28 日　　记字第 6 号

摘要	会计科目	借方金额	贷方金额
提现	库存现金	4500.00	
提现 5513#	银行存款		4500.00
附单据 1 张	合　计	4500.00	4500.00

会计主管：张三　复核：张三　记账：李四　出纳：　经办：　制单：

根据记账凭证的审核内容，审核表 2-8 中记账凭证的编制是否正确，并说明原因。

解答：表 2-8 中的记账凭证是错误的。在【例 2-4】中，企业提取现金金额为 45000 元，本例中记账凭证的借贷方金额均为 4500 元，少记 40500 元，所以是错误的。

更正方法如下：会计科目没有错误，只是金额错误，可将正确数字与错误数字之间的差额计算出来，另编一张调整的记账凭证，调增的金额用蓝字，更正的记账凭证如表 2-9 所示（提示：更正错账用蓝字，由于本书采用黑白印刷，因此没有显示）。

表 2-9　更正的记账凭证

记账凭证

20×× 年 2 月 28 日　　　　记字第 29 号

摘要	会计科目	借方金额	贷方金额
提现	库存现金	40500.00	
提现 5513#	银行存款		40500.00
附单据 1 张	合　　计	40500.00	40500.00

会计主管：张三　　复核：张三　　记账：李四　　出纳：　　经办：　　制单：

注意：填写表 2-9 记账凭证中的信息时，均应使用蓝字，表明是以前少记的金额，现在做调增。

2.1.5　凭证的装订

记账凭证填制完成并整理好后，应将其装订成册，一般企业每月装订一次。记账凭证作为原始凭证的汇总本，除了要整齐装订外，最上面还需要有封面（如表 2-10 所示）。封面根据本月记账凭证的实际情况填写，方便按年分月保管的同时，也有助于在众多的记账凭证中迅速找到自己寻找的目标。

表 2-10　记账凭证封面

记账凭单（证）封面

日　期	年　　月
册　数	本月共　　册　　本册是第　　册
张　数	本册自第　　号至第　　号　共　　张
附　件	

会计主管：　　　　装订人：

装订时，需要将记账凭证按凭证编号的顺序依次整理好，凭证外面加上封面（封面一般为牛皮纸），在左上角用大订书针固定，装订时注意尽量不要压着原始凭证的文字与数字等，方便日后查账。

装订好的记账凭证应检查封面各要素是否填写完整，相关印章是否盖全，在确认无误的情况下，将凭证交由专人审核并管理。

【例 2-11】 某国际股份有限公司20××年2月份账已做完，共1册，其中有31张记账凭证。记账凭证封面如表2-11所示。

表 2-11 记账凭证封面

记账凭单（证）封面

日　期	20××年2月
册　数	本月共壹册　　本册是第壹册
张　数	本册自第壹号至第叁拾壹号　共叁拾壹张
附　件	

会计主管：张三　　　　　　　　装订人：王小小

2.1.6 凭证的保管

《会计档案管理办法》规定："单位应当加强会计档案管理工作，建立和完善会计档案的收集、整理、保管、利用和鉴定销毁等管理制度，采取可靠的安全防护技术和措施，保证会计档案的真实、完整、可用、安全。单位的档案机构或者档案工作人员所属机构（以下统称单位档案管理机构）负责管理本单位的会计档案。单位也可以委托具备档案管理条件的机构代为管理会计档案……单位的会计机构或会计人员所属机构（以下统称单位会计管理机构）按照归档范围和归档要求，负责定期将应当归档的会计资料整理立卷，编制会计档案保管清册……当年形成的会计档案，在会计年度终了后，可由单位会计管理机构临时保管一年，再移交单位档案管理机构保管。因工作需要确需推迟移交的，应当经单位档案管理机构同意。单位会计管理机构临时保管会计档案最长不超过三年。临时保管期间，会计档案的保管应当符合国家档案管理的有关规定，且出纳人员不得兼管会计档案。"

同时满足下列条件的，单位内部形成的属于归档范围的电子会计资料可仅以电子形式保存，形成电子会计档案：

① 形成的电子会计资料来源真实有效，由计算机等电子设备形成和传输；

② 使用的会计核算系统能够准确、完整、有效接收和读取电子会计资料，能够输出符合国家标准归档格式的会计凭证、会计账簿、财务会计报表等会计资料，设定了经办、审核、审批等必要的审签程序；

③ 使用的电子档案管理系统能够有效接收、管理、利用电子会计档案，符合电子会计档案的长期保管要求，并建立了电子会计档案与相关联的其他纸

质会计档案的检索关系；

④ 采取有效措施，防止电子会计档案被篡改；

⑤ 建立电子会计档案备份制度，能够有效防范自然灾害、意外事故和人为破坏的影响；

⑥ 形成的电子会计资料不属于具有永久保存价值或者其他重要保存价值的会计档案。

同时满足上述条件的情况下，单位从外部接收的电子会计资料附有符合《中华人民共和国电子签名法》规定的电子签名的，可仅以电子形式归档保存，形成电子会计档案。来源可靠、程序规范、要素合规的电子会计凭证、电子会计账簿、电子财务会计报告和其他电子会计资料与纸质会计资料具有同等法律效力，可仅以电子形式接收、处理、生成和归档保存。符合国家有关电子会计档案管理要求的电子会计档案与纸质会计档案具有同等法律效力。除法律、行政法规另有规定外，电子会计档案可不再另以纸质形式保存。

单位应当严格按照相关制度利用会计档案，在进行会计档案查阅、复制、借出时履行登记手续，严禁篡改和损坏。单位保存的会计档案一般不得对外借出。确因工作需要且根据国家有关规定必须借出的，应当严格按照规定办理相关手续。

单位应当定期对已到保管期限的会计档案进行鉴定，并形成会计档案鉴定意见书。经鉴定，仍需继续保存的会计档案，应当重新划定保管期限；对保管期满，确无保存价值的会计档案，可以销毁。保管期满但未结清的债权债务会计凭证和涉及其他未了事项的会计凭证不得销毁，纸质会计档案应当单独抽出立卷，电子会计档案单独转存，保管到未了事项完结时为止。企业和其他组织会计档案保管期限表如表 2-12 所示。

表 2-12　企业和其他组织会计档案保管期限表

序号	档案名称	保管期限	备注
一	**会计凭证**		
1	原始凭证	30 年	
2	记账凭证	30 年	
二	**会计账簿**		
3	总账	30 年	

续表

序号	档案名称	保管期限	备注
4	明细账	30 年	
5	日记账	30 年	
6	固定资产卡片		固定资产报废清理后保管 5 年
7	其他辅助性账簿	30 年	
三	**财务会计报告**		
8	月度、季度、半年度财务会计报告	10 年	
9	年度财务会计报告	永久	
四	**其他会计资料**		
10	银行存款余额调节表	10 年	
11	银行对账单	10 年	
12	纳税申报表	10 年	
13	会计档案移交清册	30 年	
14	会计档案保管清册	永久	
15	会计档案销毁清册	永久	
16	会计档案鉴定意见书	永久	

【例 2-12】 某国际股份有限公司 2010 年开业，会计凭证一直由会计档案管理部门保管，因为保管时间比较长了，领导授意会计档案管理部门可以自行销毁 2010 年至 2015 年的会计凭证，减少档案管理的工作量，方便会计档案管理部门对后面会计凭证的管理。

分析上述案例中的做法是否正确，并具体说明原因。

解答：以上做法是错误的。按照《会计档案管理办法》的规定，会计凭证的保管期限为 30 年。未到保管期限的凭证，不能自行销毁。会计凭证只有按照规定的时间妥善保管，才能在日后相关部门查账时有据可依。

2.2 账簿的管理

账簿是记录企业经济业务活动的主要证据，同时也是会计编制企业财务报表的主要依据。账簿主要反映了企业货币资金的动向，为企业经营者做出下一步财务计划提供有用的数据，同时也是向国家报告其经营情况的主要凭证。

2.2.1 账簿的分类

由于各个企业实际情况不同，依据其实际情况，账簿的表现形式、内容、用途及登记方法。为了清楚掌握账簿与企业经济业务之间的钩稽关系，账簿也按照不同的分类方法，分为很多种，其分类情况大致如图 2-2 所示。

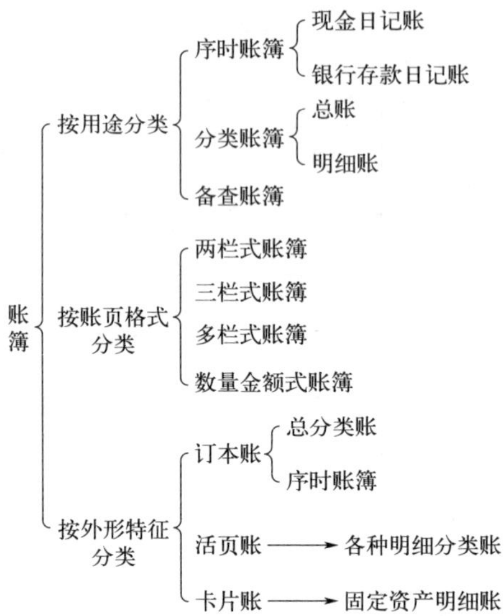

图 2-2 账簿的分类

2.2.2 启用账簿

从事生产、经营的纳税人应当在领取营业执照或者发生纳税义务之日起 15 日内按照国家统一的会计制度规定设置账簿（包括总账、明细账、日记账和其他辅助性账薄）。企业出纳在购得现金日记账簿以及银行存款日记账簿并启用时，对于账簿扉页的“账簿使用登记表”必须逐项如实填写，账簿使用登记表如表 2-13 所示。

表 2-13 账簿使用登记表

<table>
<tr><td colspan="2">使用者名称</td><td></td><td></td><td></td><td colspan="2">印鉴</td></tr>
<tr><td colspan="2">账簿名称</td><td></td><td></td><td></td><td colspan="2" rowspan="4"></td></tr>
<tr><td colspan="2">账簿编号</td><td></td><td></td><td></td></tr>
<tr><td colspan="2">账簿页数</td><td colspan="3">本账簿共　　页</td></tr>
<tr><td colspan="2">启用日期</td><td colspan="3">年　　月　　日</td></tr>
<tr><td rowspan="2">责任者</td><td colspan="2"></td><td>主管</td><td>会计</td><td>记账</td><td>审核</td></tr>
<tr><td colspan="2"></td><td></td><td></td><td></td><td></td></tr>
<tr><td rowspan="4">经管人姓名及交换日期</td><td colspan="2" rowspan="2"></td><td colspan="3">经管　　年　　月　　日</td><td></td></tr>
<tr><td colspan="3">交出　　年　　月　　日</td><td></td></tr>
<tr><td colspan="2" rowspan="2"></td><td colspan="3">接管　　年　　月　　日</td><td></td></tr>
<tr><td colspan="3">交出　　年　　月　　日</td><td></td></tr>
</table>

续表

经管人姓名及交换日期		接管　　年　月　日	
		交出　　年　月　日	
		接管　　年　月　日	
		交出　　年　月　日	
备考			

账簿使用登记表中涉及的相关栏目，应一一填写清楚，如使用者名称、账簿名称、主管、会计、经管人姓名及交换日期等。只有逐项如实填写各栏目，在备查账簿发现问题时，才可以明确责任。

2.2.3 登记账簿

为了确保现金日记账簿以及银行存款日记账簿登记的正确性，在登记账簿时，应根据审核无误的、并附有相关原始凭证的收付款记账凭证进行登记。只有这样，才能真实、完整地反映企业经济业务发生以及完成的整个过程。

现金日记账主要是企业经济业务活动中涉及现金收入及现金支出的相关记录，其样式如表 2-14 所示。

表 2-14　现金日记账样式

年		凭证编号	摘要	借方									√	贷方									√	余额								
月	日			百	十	万	千	百	十	元	角	分		百	十	万	千	百	十	元	角	分		百	十	万	千	百	十	元	角	分

与现金日记账类似，银行存款日记账主要是企业经济业务活动中涉及银行存款账户的收入及支出的相关记录，其样式如表 2-15 所示。

现金日记账以及银行存款日记账账簿登记时应该遵照下面的要求：

① 登记时必须按照账簿中账页页码的顺序逐页逐行登记，中间不能出现空行以及空白页。

② 必须按照记账凭证的编号顺序逐一登记，不得漏记或者重记。

③ 每年更换新账簿时，一定要在新账页的“摘要”栏注明“上年结转”字样，并将上年余额计入“余额”栏内。

表 2-15　银行存款日记账样式

年		凭证编号	摘要	借方									√	贷方									√	余额								
月	日			百	十	万	千	百	十	元	角	分		百	十	万	千	百	十	元	角	分		百	十	万	千	百	十	元	角	分

④ 账页登记满时，在最下面一行“摘要”栏注明“过次页”字样，新一页账页“摘要”栏注明“承前页”字样。

⑤ 记账时应使用钢笔、中性笔，用蓝、黑色墨水书写，不得使用圆珠笔（银行的复写账簿除外）或者铅笔书写。

⑥ 登记文字以及数字时，字符尽量只占行高的1/2，为日后更改留下空隙。

⑦ 登记时，记账的方向即“借”“贷”必须登记正确。现金日记账和银行存款日记账必须逐日结出余额。

⑧ 每月月底在最后一笔账目记录下划单红线，表示当月账目登记结束，在“摘要”栏写明“本月合计”，在红线下分别结出借方、贷方总金额，算出每月月底结余，填入单红线下“余额”一栏中，如无余额，应在“余额”一栏内的“元”位写上“0”。

⑨ 每年年底在最后一笔账目记录下划双红线，表示当年账目登记结束，在“摘要”栏写明“本年合计”，在红线下分别结出借方、贷方总金额，算出每年年底结余，填入双红线下“余额”一栏中，如无余额，应在“余额”一栏内的“元”位写上“0”。

【例 2-13】 某国际股份有限公司出纳于20××年2月23日用库存现金5600元购买电脑。据其原始凭证填制付款凭证，如表2-16所示。

表 2-16　付款凭证

贷方科目　库存现金　　　　20××年2月23日　　　　付字第27号

摘要	借方科目		记账方向	金额
	一级科目	明细科目		
购买电脑	固定资产	电脑	借	5600.00
合计				5600.00

附单据1张

会计主管：张三　　记账：李四　　出纳：王小小　　审核：　　制单：

根据付款凭证，出纳登记现金日记账，如表 2-17 所示。

表 2-17　现金日记账

20××年		凭证编号	摘要	借方									√	贷方									√	余额								
月	日			百	十	万	千	百	十	元	角	分		百	十	万	千	百	十	元	角	分		百	十	万	千	百	十	元	角	分
2	23	27	购买电脑														5	6	0	0	0	0										

【例 2-14】某国际股份有限公司出纳在 20×× 年 2 月末登记现金日记账，其当月借方发生额为 67000 元，贷方发生额为 92600 元，月末无余额。出纳登记的现金日记账，如表 2-18 所示。

表 2-18　出纳登记的现金日记账

20××年		凭证编号	摘要	借方									√	贷方									√	余额								
月	日			百	十	万	千	百	十	元	角	分		百	十	万	千	百	十	元	角	分		百	十	万	千	百	十	元	角	分
2	28	17	工资													5	2	0	0	0	0	0										
						6	7	0	0	0	0	0				9	2	6	0	0	0	0										

注：日记账中其他数据均为演示数据。

分析上述案例中出纳的登记方法是否正确，并具体说明原因。

解答：出纳的做法是错误的。根据账簿登记要求，每月月底在最后一笔账目记录下划单红线，表示当月账目登记结束，在“摘要”栏写明“本月合计”，在红线下分别结出借方、贷方总金额，算出每月月底结余，分别填入单红线下相应栏次中，如无余额，应在“余额”一栏内的“元”位写上“0”，然后在“本月合计”行下再划一道通栏单红线，以便与下月发生的经济业务分清楚。而本例中出纳在月底结账时，在最后一栏下方未划单红线，不能表明这是月底结账一栏；同时，在结账无余额时，出纳未在“余额”栏的“元”位上写“0”。所以，出纳的做法是不对的。正确登记方法如表 2-19 所示（提示：由于本书采用黑白印刷，所以通栏单红线以加粗的黑线表示）。

表 2-19　正确的现金日记账

20××年		凭证编号	摘要	借方									√	贷方									√	余额								
月	日			百	十	万	千	百	十	元	角	分		百	十	万	千	百	十	元	角	分		百	十	万	千	百	十	元	角	分
2	28	17	工资													5	2	0	0	0	0	0										
			本月合计			6	7	0	0	0	0	0				9	2	6	0	0	0	0								0		

注：日记账中其他数据均为演示数据。

【例 2-15】 某国际股份有限公司 20×× 年 2 月份月底现金无余额，银行存款余额为 149000 元。3 月份发生如下经济业务：

① 20×× 年 3 月 1 日，提取现金 40000 元。

② 20×× 年 3 月 3 日，公司用现金 970 元购买墨盒。

③ 20×× 年 3 月 6 日，预支给职工差旅费 2000 元。

④ 20×× 年 3 月 10 日，卖掉废旧电脑，收入 700 元。

⑤ 20×× 年 3 月 13 日，收到甲公司的技术服务合同款 200000 元。

⑥ 20×× 年 3 月 18 日，用银行存款偿还之前欠开户银行的短期借款 150000 元。

⑦ 20×× 年 3 月 20 日，收到乙公司偿还之前欠款 50000 元，款项已打入公司开户账户。

⑧ 20×× 年 3 月 23 日，公司其中一位股东增加投资 500000 元。

⑨ 20×× 年 3 月 26 日，维修打印机支付现金 800 元。

⑩ 20×× 年 3 月 30 日，提取现金 60000 元。

⑪ 20×× 年 3 月 30 日，发放职工工资共计 52000 元。

根据上述经济业务，登记相关账簿。

根据某国际股份有限公司 3 月份现金账户发生的经济业务，编制现金日记账如表 2-20 所示（提示：由于本书采用黑白印刷，所以通栏单红线以加粗的黑线表示）。

表 2-20　现金日记账

20××年		凭证编号	摘要	借方									√	贷方									√	余额								
月	日			百	十	万	千	百	十	元	角	分		百	十	万	千	百	十	元	角	分		百	十	万	千	百	十	元	角	分
			上期余额																											0		
3	1		提现			4	0	0	0	0	0	0														4	0	0	0	0	0	0

续表

20××年		凭证编号	摘要	借方									√	贷方									√	余额								
月	日			百	十	万	千	百	十	元	角	分		百	十	万	千	百	十	元	角	分		百	十	万	千	百	十	元	角	分
3	3		购买墨盒															9	7	0	0	0				3	9	0	3	0	0	0
3	6		预支差旅费														2	0	0	0	0	0				3	7	0	3	0	0	0
3	10		卖废品					7	0	0	0	0														3	7	7	3	0	0	0
3	26		维修费															8	0	0	0	0				3	6	9	3	0	0	0
3	30		提现			6	0	0	0	0	0	0														9	6	9	3	0	0	0
3	30		发放工资													5	2	0	0	0	0	0				4	4	9	3	0	0	0
			本月合计		1	0	0	7	0	0	0	0				5	5	7	7	0	0	0				4	4	9	3	0	0	0

根据某国际股份有限公司 3 月份银行存款账户发生的经济业务，编制银行存款日记账如表 2-21 所示（提示：由于本书采用黑白印刷，所以通栏单红线以加粗的黑线表示）。

表 2-21　银行存款日记账

20××年		凭证编号	摘要	借方									√	贷方									√	余额								
月	日			百	十	万	千	百	十	元	角	分		百	十	万	千	百	十	元	角	分		百	十	万	千	百	十	元	角	分
			上期余额		1	4	9	0	0	0	0	0													1	4	9	0	0	0	0	0
3	1		提现													4	0	0	0	0	0	0			1	0	9	0	0	0	0	0
3	13		收入		2	0	0	0	0	0	0	0													3	0	9	0	0	0	0	0
3	18		还款												1	5	0	0	0	0	0	0			1	5	9	0	0	0	0	0
3	20		收回借款			5	0	0	0	0	0	0													2	0	9	0	0	0	0	0
3	23		股东增资		5	0	0	0	0	0	0	0													7	0	9	0	0	0	0	0
3	30		提现													6	0	0	0	0	0	0			6	4	9	0	0	0	0	0
			本月合计		8	9	9	0	0	0	0	0			2	5	0	0	0	0	0	0			6	4	9	0	0	0	0	0

2.2.4　错账的更正方法

出纳在登记账簿的过程中，有可能会出现各种各样的差错，如重记、漏记、文字或者数字记录错误、借贷方向记错等，这些都会引起记账的不准确。针对出错的具体情况，应具体问题具体分析，及时找出错误并进行更正。不同的错误，其账簿更正方法不同。下面介绍几种常见的错账更正方法。

（1）划线更正法

记账凭证没有出错，出纳在登记账簿时，文字或者数字登记错误，导致错账的产生，此时应使用划线更正法。具体操作方法是在错误的文字或者数字栏上通栏划单红线，然后在红线的上方记录正确的文字或者数字，并由出纳在更正处签名或者盖章，表明自己对此处的更改负责。

【例 2-16】 某国际股份有限公司出纳在现金日记账上登记一笔 20×× 年 3 月 11 日提取现金的经济业务时，将记账凭证中提取的现金金额 45000 元，写成了 54000 元。后出纳发现此错误，用划线更正法更正错账。更正方法如表 2-22 所示（提示：由于本书采用黑白印刷，所以更正时划的红线以加粗的黑线表示）。

表 2-22 用划线更正法更正的现金日记账

20××年		凭证编号	摘要	借方									√	贷方									√	余额								
月	日			百	十	万	千	百	十	元	角	分		百	十	万	千	百	十	元	角	分		百	十	万	千	百	十	元	角	分
3	11	5	取现			4 ~~5~~	5 ~~4~~	0 ~~0~~	0 ~~0~~	0 ~~0~~	0 ~~0~~	0 ~~0~~																				

划单红线时，必须将错误的文字或者数字栏通栏划红线，不能只划其中错误的文字或者数字，如上例中，将“45000”记作“54000”，必须在“54000”上整个划单红线，不能只划“5”“4”这两个数字。

（2）红字更正法

该方法主要在借贷方向记错以及所记金额大于应记金额时使用。出纳在填制记账凭证时，很可能将借方和贷方记反，但是金额无错误，此时更改应使用红字更正法。具体操作方法是用红字填制一张与原记账凭证完全相同的记账凭证，表示冲销原来错误的记账凭证，然后用蓝字填制一张正确的记账凭证，并据此登记账簿。

【例 2-17】 接【例 2-4】，出纳根据提取现金的支票存根联填制记账凭证时，该会计分录被误记为：

借：银行存款　　　　45000

　贷：库存现金　　　　45000

出纳更正错误的记账凭证时，应用红字编制一张与原记账凭证完全相同的记账凭证，表示冲销原错误凭证，会计分录如下（提示：更正错账用红字或者蓝字更改，由于本书采用黑白印刷，因此没有显示）：

借：银行存款　　　　　　　　45000

　贷：库存现金　　　　　　　　45000

然后用蓝字编制正确的会计分录并据此登记账簿，会计分录如下：

借：库存现金　　　　　　　　45000

　贷：银行存款　　　　　　　　45000

出纳在登记账簿时，所依据的记账凭证无错误，借贷方向也无误，只是所记金额大于实际应记金额，此时更改应使用红字更正法。具体操作方法是将多记的金额用红字编制一张记账凭证（其内容摘要以及借贷方向均与原记账凭证相同），以冲销多记的金额。

【例 2-18】 接【例 2-16】，出纳对于此例中的错误，除可以用划线更正法外，还可以使用红字更正法，用红字将多记的金额填制一张凭证，以冲销多记的金额。会计分录如下（提示：更正错账用红字或者蓝字更改，由于本书采用黑白印刷，因此没有显示）：

借：库存现金　　　　　　　　9000

　贷：银行存款　　　　　　　　9000

（3）补充登记法

出纳在登记账簿时，所依据的记账凭证无错误，借贷方向也无误，只是所记金额小于实际应记金额，此时更改应使用补充登记法。具体操作方法是将少记的金额用蓝字编制一张记账凭证（其内容摘要以及借贷方向均与原记账凭证相同），以补充少记的金额。

【例 2-19】 接【例 2-4】，出纳根据记账凭证登记银行存款日记账时，误将金额记为 4500 元。更正的会计分录如下（提示：更正错账用红字或者蓝字更改，由于本书采用黑白印刷，因此没有显示）：

借：库存现金　　　　　　　　40500

　贷：银行存款　　　　　　　　40500

2.2.5 账簿的更换及保管

会计年度终了时，无论现用账簿是否用完，次年都要更换新账簿。新账簿扉页要按规定填写完整，登记账簿时在新账页“摘要”栏注明“上年结转”字样，并将上年余额记入“余额”栏内，在此基础上即可登记新年度的账目。

把年度的账簿整理好后，交由专门人员管理。一般会计账簿由本单位财务会计部门保管 1 年，期满之后，由财务会计部门编制清册移交本单位的档案部门保管。

现金日记账以及银行存款日记账应妥善保管，不得丢失或者随意销毁。根据《会计档案管理办法》，现金日记账以及银行存款日记账应保存 30 年。保管期满后，按照规定的审批程序报经批准后方可销毁。

2.3 票据的管理

出纳最重要的职责就是按照国家有关现金管理和银行结算制度的规定，办理现金收付和银行结算业务。熟悉银行的结算程序，无疑会让出纳的工作效率大大提高，从而提高企业的经济效益。

2.3.1 票据行为

票据行为主要是指票据当事人以负担票据债务为目的的法律行为，其中包括出票、背书、承兑、参加承兑、保证以及保付。

① 出票。出票人在票据上填写相关内容并签名之后，出于本人意愿，出票人将票据交付给收款人。

② 背书。票据可以转让，其主要方法就是背书，即持票人将票据转让给他人。票据一经转让，票据的权利也随之被转让给被背书人。

③ 承兑。持票人拿到发票人签发的汇票，为确定汇票到期时可以得到付款，在汇票到期前向付款人进行承兑提示。承兑人一旦签字承兑，就对汇票的到期付款承担法律责任。

④ 参加承兑。由于种种原因，汇票可能得不到承兑，为阻止持票人在汇票到期日前对承兑人提起诉讼，预备付款人或者第三人代替承兑人进行承兑。

⑤ 保证。这是除票据债务人以外的人为担保票据债务的履行，以负担同一内容的票据债务为目的的一种附属票据行为。

⑥ 保付。支票一旦由付款人保付，即在支票上注明“照付”或“保付”字样，经签名后，付款人便负绝对付款责任，无论发生何种情况，付款人均必须按规定付款。

【例 2-20】 某国际股份有限公司于 20×× 年 4 月 1 日签发给甲公司一张商业汇票，用以支付购买的原材料款项。

在此案例中，“某国际股份有限公司签发汇票”就是出票行为，因为某国际股份有限公司支付应付账款，将汇票交给收款人甲公司，是出于公司的意愿，所以该行为属于公司的出票行为。

【例 2-21】 接【例 2-20】，甲公司将此汇票背书，转让给本公司的债权人乙公司。

在此案例中，甲公司的行为即为背书行为，由于票据可以转让，在汇票到期之前，甲公司可以将其背书转让给其他公司，同时，票据的权利也随之被转让给被背书人，即乙公司。

【例 2-22】 接【例 2-21】，为了确定汇票到期可以得到付款，乙公司持此汇票到某国际股份有限公司进行承兑。

在此案例中，某国际股份有限公司的行为即为承兑。在此承兑过程中，某国际股份有限公司签字以后，则对其汇票的到期付款承担法律责任。

【例 2-23】 接【例 2-22】，得到某国际股份有限公司许可之后，丁公司在票据上批注“参加承兑”字样和签名、日期。

在此案例中，丁公司的行为即为参加承兑。在由于种种原因，乙公司得不到某国际股份有限公司的付款时，由丁公司承担付款的义务。

【例 2-24】 接【例 2-23】，某国际股份有限公司找来丙公司在此汇票上写上“保证”字样，并签章。

在此案例中，丙公司的行为即为保证行为，用以保证某国际股份有限公司有能力按时依据汇票付款。

2.3.2 票据的转让

企业在经济业务中收到付款单位的票据时，只要是在付款期限内，即可将票据进行背书转让，就是票据持有人在票据背面批注签章，将票据转让给第三者。银行承兑汇票背书如表 2-23 所示。

表 2-23 银行承兑汇票背书

被背书人	被背书人	被背书人
背书人签章 年 月 日	背书人签章 年 月 日	背书人签章 年 月 日

（粘单处）

票据持有人在背书转让时，须在“被背书人”处填写接受票据方全称，在“背书人签章”处加盖票据持有人的财务章以及人名章，并填写背书时的具体日期。

持票人去银行提示付款时，须加盖本企业或本人相关印章，并将信息填写完整。

注意：背书人在背书时必须把票据上的全部金额同时转让给同一个被背书人。只转让票据金额的一部分，或将票据金额分别转让给几个被背书人，这样的背书是无效的。

转让人一旦在票据上签名，就要承担以下两项义务：

① 须对包括转让人在内的所有后来取得该票据的人保证该票据必将得到付款。

② 须保证在他以前在该票据上签名的一切前手签字的真实性和背书的连续性。

【例 2-25】 在【例 2-21】中，甲公司将某国际股份有限公司签发的汇票背书转让给乙公司，在此过程中，根据《中华人民共和国票据法》，某国际股份有限公司必须保证能够让乙公司依据此汇票得到付款。

同时，在整个背书转让的过程中，某国际股份有限公司和甲公司有义务保证其出票签字以及背书签字的真实性，不真实的签字为无效背书，同时也就失去了票据背书的连续性。

受让人的权利如下：

① 受让人可以用自己的名义向付款人要求承兑、付款，也可以将票据再经背书转让给他人。

② 当票据遭到拒付时，受让人有权向其直接的转让人以及曾在票据上签名的其他转让人直至出票人进行追索。

【例 2-26】 在【例 2-21】中，甲公司将某国际股份有限公司签发的汇票背书转让给乙公司，乙公司可以依据此汇票要求某国际股份有限公司按时付款，同时也可以在汇票到期前，将此汇票再次背书转让给其他公司。

如果乙公司在要求某国际股份有限公司按时付款时，遭到其拒绝，乙公司有权向甲公司以及某国际股份有限公司进行追索，要求其按时付款。

2.3.3 票据的保管

票据只要在票据提示付款的期限内，无论持票人是谁，付款方都有责任及义务见票即付。为了不给企业造成巨大经济损失，票据的保管就显得尤为重要。

出纳在收到填制好的票据时，应尽早到银行办理相关结算手续，以免遗失票据，造成不必要的损失。

空白票据一般应登记在册，标明领用企业名称、领用时间、起止号码，并由领用人签名或盖章，再由专人保管。印章与票据尽量由不同的人来保管，以明确责任，相互制约，防止舞弊行为的发生。空白票据必须妥善保管，以免发生非法使用和盗用、遗失等情况，给国家和企业造成不必要的经济损失。

对于作废的票据，应加盖“作废”章，正联和存根联一起保管，不得私自撕毁或者丢弃。

【例 2-27】 某国际股份有限公司出纳在提取现金时，支票正联不慎写错一处，支票被作废。出纳看支票不能再用，就直接将作废的支票撕毁。

分析上述案例中出纳的做法是否正确，并说明原因。

解答：上述案例中出纳的做法是错误的。根据票据保管的相关规定，对于作废的票据，应加盖“作废”章，正联和存根联一起保管，不得私自撕毁或者丢弃。出纳应将作废的支票加盖“作废”章，并登记在册，妥善保管，以备以后查账时使用。

2.3.4 票据遗失及处理

持有“银行汇票”“商业汇票”“银行本票”“支票”的单位和个人因保管不善，致使票据丢失、被盗或丧失，持票人可以到付款处挂失止付，并在挂失止付后向人民法院申请公示催告；也可以直接向法院申请公示催告。但是，由于票据种类不同，有的票据不允许挂失止付。

其中，允许挂失止付的票据有填明“现金”字样和代理付款人的银行汇票、填明“现金”字样的银行本票、要素填写齐全的支票、已承兑的商业汇票，其余的一般不允许挂失止付。

2.3.5 支票的购买

现金支票以及转账支票使用完时，需要企业自行去开户行购买。购买支票时，出纳需要携带企业营业执照正本或副本原件、本人身份证原件、基本存款账户信息、企业财务章以及人名章等，填写银行收费凭条，如图 2-3 所示。

填写收费凭条的程序如下：填写购买支票的日期、企业名称以及开户账户；根据购买支票的实际情况在“服务项目”处填写“转账支票”或者“现金支票”；分别填写购买支票本的“数量”“工本费”；根据购买的数量填写“手续费”；“小计”以及“合计”处填写手续费小写金额；“币种”处填写工本费大写金额；“预留印鉴”处加盖企业财务章以及人名章。

提交以上所有资料给银行办事人员，审核完成后，输入购买支票时使用的密码，领取新支票，打印支票密码，新支票即可投入使用。

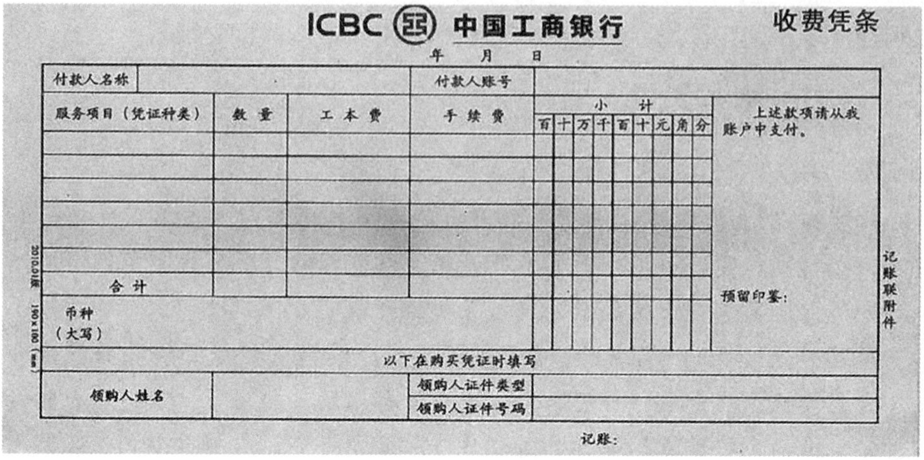

ICBC 中国工商银行　　收费凭条

年　月　日

付款人名称			付款人账号		
服务项目（凭证种类）	数量	工本费	手续费	小计（百 十 万 千 百 十 元 角 分）	上述款项请从我账户中支付。
合计					预留印鉴：
币种（大写）					
以下在购买凭证时填写					
领购人姓名			领购人证件类型		
			领购人证件号码		

记账：

2010.01版　190×100（mm）

记账联附件

图 2-3　收费凭条

第3章　现金管理和现金收支

现金作为企业流动资产的重要组成部分，在企业运转过程中，有着举足轻重的地位。现金的流入以及流出，是企业进行经济活动的一种表现形式。管理好现金，保持现金收支的平衡，为企业正常运营、创造经济效益提供了保障。

3.1 现金管理

现金是企业经营过程中流动性最强的资产，同时也是最容易流失的资产。为保持企业的正常经营，加强现金管理，对于企业以及国家都有着重要意义。

现金管理的基本原则如下：

① 不准擅自坐支现金。坐支现金容易打乱现金收支渠道。

② 收入现金应及时送存银行。企业的现金收入应于当日送存开户银行，确有困难的，应由开户银行确定送存时间。

③ 不准编造用途套取现金。企业在国家规定的现金使用范围和限额内需要现金，应从开户银行提取，提取时应写明用途，不得编造用途套取现金。

【例 3-1】 20×× 年 2 月 1 日，某国际股份有限公司收到员工王明返还预借公司的现金 10000 元，由于开户银行比较远，出纳就将钱暂时存在自己的储蓄卡里。第二天，公司要购买一台价值 10000 元的电脑，出纳直接用王明前一天还的钱支付了这笔款项。

上述案例中，出纳的做法是否正确？具体说明原因。

解答： 出纳的做法不正确。企业现金收入应及时送存开户银行，确有困难的，应由开户银行确定送存时间，不准擅自坐支现金。

3.2 现金收支

现金收支即现金的收入和支出，是企业资金周转的过程。企业要想正常运营并创造经济效益，现金收支就必须保持平衡，这样才能提高资金使用效率，防范资金风险。

3.2.1 现金收支的原则

为了加强现金收支管理，出纳与会计人员必须分清责任，严格遵守账、钱、物分管的原则，相互制约。

① 出纳人员和会计工作人员必须严格实行“钱账分管”制度。现金的收付保管应由出纳人员负责办理，非出纳人员不得经管现金。

② 一切现金收入都应开具收款收据，以防发生差错与作弊。

③ 企业库存现金入账，当天必须送存银行，如收进的现金是银行当天停止收款以后发生的，也应在第二天送存银行。当日送存确有困难的，应取得开户银行同意，按双方协商的时间送存。

④ 一切现金支出都要有相关凭证，由经办人签名，经主管和有关人员审核后，出纳人员才能据以付款，在付款后，应加盖“现金付讫”戳记，妥善保管。

⑤ 严格执行现金清查盘点制度，保证现金安全。出纳人员每天盘点现金实有数，与现金日记账的账面余额核对，保证账实相符。企业会计部门必须定期或不定期地进行清查盘点，及时发现或防止差错以及挪用、贪污、盗窃等不法行为的发生。如果出现长短款，必须及时查找原因。

【例 3-2】 某国际股份有限公司出纳进行现金清查，发现实际现金比现金账目短缺 31.9 元。由于金额较小，出纳未作任何处理。其后由于出纳人员离岗，现金的收付及保管暂时由会计来负责。

上述案例中，出纳的做法是否正确？具体说明原因。

解答： 出纳的做法是错误的。根据现金收支原则，企业会计部门必须定期或不定期地进行清查盘点，及时发现或防止差错以及挪用、贪污、盗窃等不法行为的发生。如果出现长短款，必须及时查找原因。现金的收付保管应由出纳人员负责办理，非出纳人员不得经管现金。

3.2.2 现金的提取

企业从开户银行提取的现金，是企业现金支付的重要来源。提取现金时，首先要填写现金支票。现金支票样式如图 3-1 和图 3-2 所示（以中国工商银行现金支票为例）。

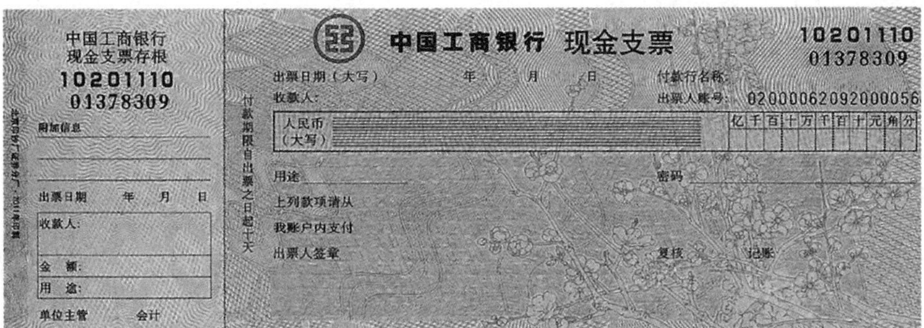

图 3-1 中国工商银行现金支票正面

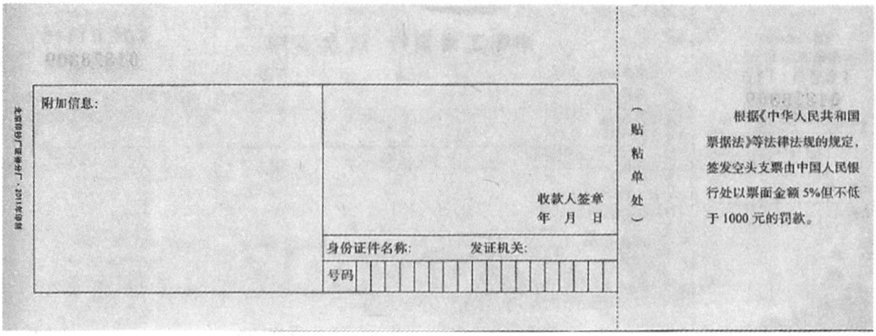

图 3-2　中国工商银行现金支票背面

现金支票的填写方法如下：

① 正面。在支票存根栏，填写相关信息，用以做账。支票正联，“出票日期”即为提取现金日期，必须为大写；“收款人”处填写本企业全称；“用途”可写“备用金”“工资”或者“差旅费”；在相应位置填写所取金额的大小写；在“密码”处填写支票对应的密码；在“出票人签章”处加盖企业财务章以及人名章。

② 背面。填写“附加信息”（此项目需根据各银行具体要求及公司实际情况填写）；“收款人签章”处分别加盖财务章及人名章；将填写好的现金支票递交开户行取现窗口的工作人员，经过工作人员审核，确定支票无误后，即可提取现金。

3.2.3　现金收支的核算

根据账户的性质，库存现金属于资产类会计科目，在资产类会计科目中，增加记借方，减少记贷方，期末余额在借方。即企业收到现金，则库存现金记借方；企业支出现金，则库存现金记贷方，剩余的库存现金记在借方，表示出纳实际持有的现金金额。

（1）现金收入的核算

库存现金收入是企业在日常生产经营活动或非生产经营活动中取得的现金，它的核算应以收入的原始凭证为依据，包括发票、行政事业性专用收据以及内部收据等。

【例 3-3】 某国际股份有限公司提取现金 40000 元。编制会计分录如下：

借：库存现金　　　　　　40000

　贷：银行存款　　　　　　40000

【例 3-4】 某国际股份有限公司出售公司废品，收入现金 300 元。编制会计分录如下：

借：库存现金　　　　　　300

　贷：其他业务收入　　　　　300

【例 3-5】 某国际股份有限公司收到职工退回差旅费 500 元。编制会计分录如下：

借：库存现金　　　　　　500

　贷：其他应收款　　　　　　500

【例 3-6】 某国际股份有限公司收回甲公司所欠的零星货款 850 元。编制会计分录如下：

借：库存现金　　　　　　850

　贷：应收账款　　　　　　850

【例 3-7】 某国际股份有限公司收回职工借款 1500 元。编制会计分录如下：

借：库存现金　　　　　　1500

　贷：其他应收款　　　　　　1500

【例 3-8】 某国际股份有限公司收到保险公司赔付的款项 980 元。编制会计分录如下：

借：库存现金　　　　　　980

　贷：其他应收款　　　　　　980

【例 3-9】 某国际股份有限公司收回报废产品的变价收入 1900 元。编制会计分录如下：

借：库存现金　　　　　　1900

　贷：其他业务收入　　　　　1900

【例 3-10】 某国际股份有限公司工会收到市总工会组织送温暖的 5000 元。编制会计分录如下：

借：库存现金　　　　　　5000

　贷：营业外收入　　　　　　5000

【例 3-11】 某国际股份有限公司收到股东投资的 100000 元现金。编制会计分录如下：

借：库存现金　　　　　　100000

　贷：实收资本　　　　　　100000

【例 3-12】 某国际股份有限公司员工王明报销差旅费 1500 元，交回剩余的 500 元。编制会计分录如下：

借：管理费用　　　　　　1500

　　库存现金　　　　　　500

　贷：其他应收款　　　　　　2000

（2）现金支出的核算

库存现金支出是企业在日常生产经营活动或非生产经营活动中向外支付的现金，它的核算应以库存现金支出的原始凭证作为依据。

【例 3-13】 某国际股份有限公司用库存现金 600 元购买办公用品。编制会计分录如下：

借：管理费用　　　　600

　贷：库存现金　　　　600

【例 3-14】 某国际股份有限公司以库存现金 40000 元发放职工工资。编制会计分录如下：

借：应付职工薪酬　　　　40000

　贷：库存现金　　　　40000

【例 3-15】 某国际股份有限公司向银行送存库存现金 3000 元。编制会计分录如下：

借：银行存款　　　　3000

　贷：库存现金　　　　3000

【例 3-16】 某国际股份有限公司预借给员工王明差旅费 2000 元。编制会计分录如下：

借：其他应收款——王明　　　　2000

　贷：库存现金　　　　2000

【例 3-17】 某国际股份有限公司支付公司话费 1560 元。编制会计分录如下：

借：管理费用　　　　1560

　贷：库存现金　　　　1560

【例 3-18】 某国际股份有限公司发生业务招待费 5700 元。编制会计分录如下：

借：管理费用——业务招待费　　　　5700

　贷：库存现金　　　　5700

【例 3-19】 某国际股份有限公司为员工补缴社保共计 3700 元。编制会计分录如下：

借：应付职工薪酬——社会保险　　　　3700

　贷：库存现金　　　　3700

【例 3-20】 某国际股份有限公司为员工发放高温补贴共计 27000 元。编制会计分录如下：

借：应付职工薪酬——高温补贴　　　　27000

　贷：库存现金　　　　27000

【例 3-21】 某国际股份有限公司一车间报销日常管理支出费用 2700 元。编制会计分录如下：

借：制造费用　　　　　　2700

　贷：库存现金　　　　　　2700

3.3　现金报销

企业员工处理经济业务时，有时需要到外地出差，因此就会产生一些费用，如路费、业务招待费、住宿费等。根据现金管理制度，为方便使用，企业员工出差时应携带现金。出差回来后，实行报销制，实报实销、多退少补。

一般企业的报销流程如下：

① 报销人员持有的需要报销的票据必须是完整、真实、合法的原始票据，由报销人员将需要报销的票据整理好，按照同类票据粘贴在一起的原则，认真粘贴在“原始凭证报销粘贴单”上。粘贴时，从右至左，先贴小票面，再贴大票面，尽量让每张原始票据的右边缘都露出来，方便出纳及会计审核时翻阅。粘贴时，原始票据的最左缘和最上缘不可超过粘贴单的边缘。

② 依据已粘贴好的原始票据，认真填写费用报销单上的各个项目，并汇总出报销总金额。员工出差归来后，将出差时所用花费用单据分类整理好，并据此填写费用报销单，由主管领导及单位负责人填写审核意见后，员工持此单据到出纳处领取报销的费用。费用报销单的样式如表 3-1 所示。

表 3-1　费用报销单的样式

费用报销单

报销日期　　年　　月　　日　　　　　　　　　　　　附件　张

<table>
<tr><td rowspan="2">费用项目</td><td>类别</td><td>金额</td><td rowspan="2">负责人（签章）</td><td rowspan="2"></td></tr>
<tr><td></td><td></td></tr>
<tr><td></td><td></td><td></td><td rowspan="2">审核意见</td><td rowspan="2"></td></tr>
<tr><td></td><td></td><td></td></tr>
<tr><td></td><td></td><td></td><td rowspan="2">报销人（签章）</td><td rowspan="2"></td></tr>
<tr><td></td><td></td><td></td></tr>
<tr><td>报销金额合计</td><td></td><td></td><td colspan="2">¥</td></tr>
<tr><td colspan="5">核实金额（大写）　仟　佰　拾　元　角　分　¥</td></tr>
<tr><td colspan="5">借款数：　　　应退金额：　　　应补金额：</td></tr>
</table>

复核　　　　　　　　出纳

③ 将出差前申请出差费用的差旅费申请单、费用报销单以及粘贴好的“原始凭证报销粘贴单”递交给相关领导审核批准并签字。

【例 3-22】 某国际股份有限公司员工魏征于 20×× 年 4 月 3 日出差回来报销，其费用明细如下：办公用品 200 元，交通费 750 元，市内交通费 135 元，业务招待费 1700 元，住宿费 1200 元，火车票订票费 100 元。所有票据共计 13 张。魏征出差前预借差旅费 3000 元。根据相关凭单，填写费用报销单如表 3-2 所示。

表 3-2　费用报销单的填写

费用报销单

报销日期　2026 年 4 月 3 日　　　　附件 13 张

<table>
<tr><td rowspan="2">费用项目</td><td>类别</td><td>金额</td><td rowspan="2">负责人（签章）</td><td rowspan="2"></td></tr>
<tr><td></td><td></td></tr>
<tr><td>办公用品</td><td></td><td>200.00</td><td rowspan="2">审核意见</td><td rowspan="2"></td></tr>
<tr><td>交通费</td><td></td><td>750.00</td></tr>
<tr><td>市内交通费</td><td></td><td>135.00</td><td rowspan="2">报销人（签章）</td><td rowspan="2">魏征</td></tr>
<tr><td>业务招待费</td><td></td><td>1700.00</td></tr>
<tr><td>住宿费</td><td></td><td>1200.00</td><td></td><td></td></tr>
<tr><td>火车票订票费</td><td></td><td>100.00</td><td></td><td></td></tr>
<tr><td></td><td></td><td></td><td></td><td></td></tr>
<tr><td>报销金额合计</td><td></td><td></td><td colspan="2">¥4085.00</td></tr>
<tr><td colspan="5">核实金额（大写）　肆　仟　零　佰　捌　拾　伍　元　零　角　零　分　¥4085.00</td></tr>
<tr><td colspan="5">借款数：¥3000.00　　应退金额：　　应补金额：¥1085.00</td></tr>
</table>

复核　　　　出纳

④ 拿签好字的费用报销单及需要报销的原始票据到出纳处进行报销，领取报销款项。

注意： 所有报销的原始票据均为完整、真实、合法的票据；票据的产生是合理的，没有铺张浪费；超出预算的部分得到上级领导的批准后方可报销，否则超出部分费用自付；报销应及时，当月票据尽量当月报销。对于不符合规定的报销单据，财务人员应退回报销单并注明原因，对此，报销人员必须作出补充说明。

3.4 备用金的核算

企业具备一定规模时，为了方便各部门的报销、零星支出等业务，减少企业财务部门的工作量，按规定每月会给各部门一定额度的备用金，由各部门自由支配，月底到财务部门一次性报销。备用金一般通过其他应收款来核算。

【例 3-23】 某国际股份有限公司对一车间实行定额备用金制度，定额3000元。一车间月初领取备用金时，编制会计分录如下：

借：其他应收款——备用金——一车间　　3000

　贷：库存现金　　3000

【例 3-24】 月底，一车间凭相关票据等到财务部门报销，报销总金额为1300元，财务部门经审核后准予报销，并以库存现金补足一车间备用金定额。编制会计分录如下：

借：管理费用　　1300

　贷：库存现金　　1300

3.5 现金的送存

在日常经营活动中，如有现金收入和超出库存限额的现金，应及时送存银行。其程序如下：

出纳人员清点完钞票，将钞票按纸币的面额、版别以及硬币的面值，分门别类整理好，纸币按每百张为一捆捆好。不够整捆的，按从大额到小额的顺序放。硬币每五十枚或一百枚用纸卷卷成一卷，不足一卷一般不用送存，用来找零。款项清点完毕并整理归类码好后，出纳应填写“现金送款簿”。在填写“现金送款簿”时，要按规定如实填写有关内容，包括收款单位名称、款项来源、开户银行名称、科目账号、送款日期等。填写完成后，应将“现金送款簿”连同现金一起送存银行。“现金送款簿”的样式如表3-3所示。

表 3-3 “现金送款簿”的样式

中国工商银行 ×× 市分行现金送款簿　分号

交款日期　　年　　月　　日

<table>
<tr><td rowspan="2">收款单位</td><td rowspan="2"></td><td>开户银行</td><td colspan="9"></td></tr>
<tr><td>科目账号</td><td colspan="9"></td></tr>
<tr><td rowspan="2">款项来源</td><td colspan="2" rowspan="2"></td><td colspan="9">金额</td></tr>
<tr><td>百</td><td>十</td><td>万</td><td>千</td><td>百</td><td>十</td><td>元</td><td>角</td><td>分</td></tr>
<tr><td>人民币（大写）</td><td colspan="2"></td><td></td><td></td><td></td><td></td><td></td><td></td><td></td><td></td><td></td></tr>
</table>

<table>
<tr><td>数额
券别</td><td>一百元</td><td>五十元</td><td>十元</td><td>五元</td><td>二元</td><td>一元</td><td>五角</td><td>二角</td><td>一角</td><td>五分</td><td>二分</td><td>一分</td><td>合计金额</td><td>收款银行盖章</td></tr>
<tr><td>整把券</td><td></td><td></td><td></td><td></td><td></td><td></td><td></td><td></td><td></td><td></td><td></td><td></td><td></td><td></td></tr>
<tr><td>零张券</td><td></td><td></td><td></td><td></td><td></td><td></td><td></td><td></td><td></td><td></td><td></td><td></td><td></td><td></td></tr>
</table>

会计：　　复核：　　记账：　　收款复核：　　收款员：

3.6　现金的保管

库存现金是企业内流动性最强的货币资产，如果保管不当的话，就会成为最易丢失的货币资产。所以，企业应当制定完备的现金保管制度，防止犯罪分子乘虚而入。一般现金的保管应遵照以下几项规定：

① 出纳人员办公室应配备质量较好的保险柜，用以保存库存现金额度内的现金，不得将现金放在办公桌内过夜。

② 库存现金应及时送存银行。如果实在无法及时送存，也应与银行做好沟通，确定好送存时间，第二天再送存。

③ 单位的库存现金不得以私人名义存入银行，防止出现以公谋私的情况。

④ 每天下班前出纳人员应清点库存现金，并和现金日记账核对，做到账实相符。

3.7　现金的清查

出纳人员对于企业的库存现金，应该做到日清月结。每天下班前清点库存现金，与现金日记账核对。

对于企业定期或者不定期的现金清查，现金清查小组应在出纳人员在场的情况下进行现金清点，账实核对，并根据清查结果填制“现金盘点报告单”

（如表 3-4 所示），注明现金实存数与现金日记账账面余额。

表 3-4 现金盘点报告单

<table>
<tr><td></td><td>面值</td><td>数量</td><td colspan="2">金额</td><td>盘点异常及建议事项</td></tr>
<tr><td rowspan="2">现金及周转零用金</td><td rowspan="2"></td><td rowspan="2"></td><td colspan="2" rowspan="2"></td><td></td></tr>
<tr><td>盘点结果及要点报告</td></tr>
<tr><td colspan="2">小计</td><td></td><td colspan="2"></td><td rowspan="4"></td></tr>
<tr><td colspan="2">其他项目：未核销费用</td><td></td><td colspan="2"></td></tr>
<tr><td colspan="2">员工借支</td><td></td><td colspan="2"></td></tr>
<tr><td colspan="2">总计</td><td></td><td colspan="2"></td></tr>
<tr><td colspan="2">账面数</td><td></td><td colspan="2"></td><td rowspan="7">在列款项及票据于　年　月　日盘点，盘点时本人在场，并如数归还无误。
保管人：
盘点人：</td></tr>
<tr><td colspan="2">盘盈（亏）</td><td></td><td colspan="2"></td></tr>
<tr><td>项目</td><td>张数</td><td>金额</td><td>盘点数</td><td>盘盈（亏）</td></tr>
<tr><td>应收票据：代收</td><td></td><td></td><td></td><td></td></tr>
<tr><td>库存</td><td></td><td></td><td></td><td></td></tr>
<tr><td>应收保证票据</td><td></td><td></td><td></td><td></td></tr>
<tr><td>合计</td><td></td><td></td><td></td><td></td></tr>
</table>

对于账实不符的情况，清查小组应查明原因，报告主管负责人或者上级领导。库存现金清查中出现的待查明原因的库存现金短缺或者溢余，应该按照下面的方式来核算。

【例 3-25】 某国际股份有限公司在现金清查中，发现实存数比账面余额多 200 元。会计分录如下：

借：库存现金　　200

　贷：待处理财产损溢　　200

【例 3-26】 接【例 3-25】，经核查这 200 元应支付给员工李明。会计分录如下：

借：待处理财产损溢　　200

　贷：其他应付款——李明　　200

【例 3-27】 接【例 3-25】，核查后原因不明，经批准作为营业外收入。会计分录如下：

借：待处理财产损溢　　200

　贷：营业外收入　　200

【例 3-28】 某国际股份有限公司在现金清查中，发现库存现金实存数短缺 500 元。会计分录如下：

借：待处理财产损溢　　　　500

　贷：库存现金　　　　500

【例 3-29】 接【例 3-25】，核查后应由出纳员王小小赔偿。会计分录如下：

借：其他应收款——出纳员王小小　　　　500

　贷：待处理财产损溢　　　　500

【例 3-30】 接【例 3-26】出纳员王小小交回赔偿款时，会计分录如下：

借：库存现金　　　　500

　贷：其他应收款——出纳员王小小　　　　500

【例 3-31】 接【例 3-25】，核查后原因不明，经批准后应作为管理费用处理。会计分录如下：

借：管理费用　　　　500

　贷：待处理财产损溢　　　　500

第4章 银行存款与结算

银行存款是企业货币资产的重要组成部分。企业除按规定的库存留存一部分现金以备日常零星开支外，其余的货币资金都应通过银行存款来结算；企业与其他企业之间发生的经营性往来款项，除结算起点以内的部分及按规定可用现金结算的情形外，其他款项一般也都通过银行存款来结算。

4.1 银行存款账户的管理

银行存款收付业务由企业出纳人员专职办理。管理好银行存款账户，掌握银行存款的结算程序，才能有效节约办事时间，提高工作效率。

4.1.1 银行存款账户的管理原则

根据《人民币银行结算账户管理办法》的规定，银行账户管理遵守以下基本原则：

① 一个基本账户原则。即存款人只能在银行开立一个基本存款账户，不得开立两个（含）以上基本存款账户。

② 自愿选择原则。即存款人可以自主选择银行开立银行结算账户。除国家法律、行政法规和国务院规定外，任何单位和个人不得强令存款人到指定银行开立银行结算账户。

③ 存款保密原则。即银行应依法为存款人的银行结算账户信息保密。对单位银行结算账户的存款和有关资料，除国家法律、行政法规另有规定外，银行有权拒绝任何单位或个人查询。

4.1.2 开立银行存款账户的流程

企业开立基本存款账户应该遵循就近开立的原则来选择相应的银行，开立基本存款账户时要带的资料如下（以下以企业法人为例，各地区各银行要求提供的资料稍有不同）：

① 公司营业执照正本。

② 公司备案公章、财务章、人名章。

③ 法定代表人身份证原件及复印件。

④ 持股超过 25% 的股东身份证或营业执照复印件。

⑤ 法定代表人授权书。

⑥ 经办人身份证原件及复印件。

注意：以上资料均用 A4 纸复印并在复印件上加盖企业公章，同时还应携带原件，以备银行柜台人员核对。

企业开立银行基本存款账户的流程如图 4-1 所示。

企业开立银行基本存款账户后，如需要开通其他相关银行存款账户，应填制开户申请书，提供相应的证明文件，送交盖有存款人印章的印鉴卡片，经银行审核同意后，即可开立该账户，其程序与开立银行基本存款账户的程序基本相同。

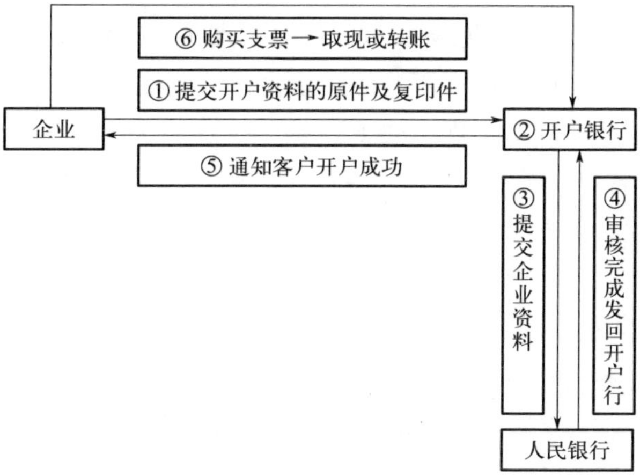

图 4-1　企业开立银行基本存款账户流程图

4.1.3　银行存款账户的变更、合并和撤销

（1）变更银行存款账户

开户单位由于人事变动或其他原因需要变更单位财务专用章的，应填写“更换印鉴申请书”，并出具有关证明，经银行审核同意后，填写新的印鉴卡片，并注销原预留的印鉴卡片。

单位需要变更银行存款账户时，企业应向银行提交法定代表人批准的相关文件以及市场监督管理部门登记注册的新营业执照，经银行审核后，变更账户名称，或撤销原账户，重新开立新账户。

（2）合并和撤销账户

企业在经营过程中，可能会遇到机构调整、合并、撤销以及停业等，此时需要合并和撤销账户的，应及时向银行提出申请，经银行审核同意后，与银行核对账户余额并结算全部利息，全部核对无误后开出支取凭证结清余额，同时将未用完的各种重要空白凭证交给银行注销，然后才可办理撤销、合并手续。由于撤销账户单位未交回空白凭证而产生的一切问题应由撤销单位自己承担责任。

银行对一年未发生收付活动且未欠开户银行债务的单位银行结算账户，应通知单位自发出通知之日起 30 日内办理销户手续， 逾期视同自愿销户，未划转款项列入久悬未取专户管理。

4.2 银行存款管理

为保证企业的银行存款能够正常办理收支手续，保证其被合法使用，保证其安全性，凡开通银行存款账户的企业，必须严格执行《人民币银行结算账户管理办法》的相关规定，规定如下：

① 企业经济活动所发生的一切货币收支业务，除条例中规定的可以使用现金直接支付的款项外，其他都必须按银行结算办法的规定，通过银行存款账户进行转账结算。

② 每月收到银行出具的银行存款对账单时，应当和企业银行存款日记账认真核对，保证账账相符。

③ 妥善保管各种票据，票据一旦遗失，必须及时到银行办理挂失手续，造成损失的，应追究相关人员责任。

④ 企业开立的银行存款账户，只可用于本企业的经济业务办理，不得将账户转借或者租给其他企业。

【例 4-1】 某国际股份有限公司出于客户关系方面的考虑，代甲公司收取一笔 200000 元的款项，款项直接打入某国际股份有限公司的银行账户。

分析上述案例中的相关做法是否正确，并说明原因。

解答： 上述案例中某国际股份有限公司的做法是错误的。根据《人民币银行结算账户管理办法》的相关规定，“存款人不得出租、出借银行结算账户，不得利用银行结算账户套取银行信用”。所以，企业上述做法是错误的。甲公司应自己开立相关银行存款账户，进行往来款项的核算。

4.3 银行结算

银行结算即企业发生经济业务活动时，用其银行存款账户以转账的方式来办理支付业务的一种结算程序。银行结算和现金结算为企业结算的两种方式。企业的往来款项比较大时，银行结算较之现金结算更方便、安全。

4.3.1 银行结算的基本要求

银行结算过程中，涉及的环节比较多，一旦操作错误的话，就会给整个结算程序带来很大的麻烦。为保证银行结算的顺利进行，企业办理银行结算时，必须遵守以下基本要求：

① 结算时必须遵守国家法律、法规以及银行结算的相关规定。

② 办理银行结算时，企业银行账户必须有足够的资金。

③ 不准签发空头支票和远期支票，不准套取银行信用。

④ 企业办理结算时，由于填写票据错误、丢失票据等造成经济损失的，由企业自行负责。

⑤ 不得将企业银行存款转入或存入个人银行账户结算。

【例 4-2】 某国际股份有限公司以转账支票的形式支付给甲公司一笔款项，甲公司持票去开户行办理支票入账时发现，某国际股份有限公司账户余额不足，不能办理支付业务。

分析上述案例中相关做法是否符合规定，并说明原因。

解答： 上述案例中，某国际股份有限公司的做法是错误的。根据相关规定，“办理银行结算时，企业银行账户必须有足够的资金”，某国际股份有限公司在其账户余额不足的情况下，不应开具转账支票给甲公司。

4.3.2 银行结算的基本原则

银行结算的每一笔业务都会影响到两个或两个以上的当事人，为避免当事人之间由于结算方式出现纠纷，必须制定统一的银行结算原则，所有当事人都要遵守这些原则，维持正常的银行结算程序。基本原则如下：

① 恪守信用，履约付款。企业在经济业务中一般会与合作伙伴达成协议，协商好交货及付款的方式，一般都是先交货后收款或者先收款后交货，这就需要双方恪守信用。一方按时交货，一方按时付款。只有这样，才能维持经济市场的正常运转，企业也才能发展壮大。

② 谁的钱进谁的账，由谁支配。企业在银行开户，银行按照法律规定，有义务保护企业账户资金的安全。企业要求开户银行将款项付给谁，银行就有义务按照企业的要求转账到相应账户中；企业对于开户银行账户中的资金，有权进行自主支配。未经企业要求，银行不得自作主张，如代扣款项、银行账户查询等。

③ 银行不垫款。银行在企业经济业务结算过程中，只起到中介的作用，即将作为付款方的企业存在银行账户中的款项转到收款企业的账户中，银行不为任何单位垫资，否则就违反了《支付结算办法》中银行不垫款的规定。

【例 4-3】 某国际股份有限公司出纳发现，20×× 年 4 月 6 日公司开户银行扣了一笔 500 元的款项，追查之后发现这是银行代扣的一笔款项，但是企业并未就此进行过委托。

分析上述案例中相关做法是否符合规定，并说明原因。

解答：上述案例中，银行的做法是错误的。根据银行存款结算的基本原则，未经企业要求，银行不得自作主张，如代扣款项、银行账户查询等，所以，只有经过企业委托的业务，银行才可代扣代缴。

【例 4-4】 接【例 4-2】，某国际股份有限公司在其开户银行账户余额不足的情况下，要求其开户行帮忙先垫付这笔款项，银行予以拒绝。

分析上述案例中相关做法是否符合规定，并说明原因。

解答：上述案例中银行的做法是符合相关规定及原则的。根据银行存款结算的基本原则，银行不为任何单位垫资，否则就违反了《支付结算办法》中银行不垫款的规定。所以，此情况下，企业应增加其银行存款账户的资金，余额足够之后再开具转账支票支付所欠账款。

4.3.3 银行存款收支的核算

企业银行存款账户不仅用于结算企业的经营收入以及与其他企业之间的往来款项，还用于处理出纳送存银行的库存现金等相关经济业务。企业应根据不同转账结算方式下银行存款收支的原始凭证，编制银行存款收付款凭证，并进行核算。

根据账户的性质，银行存款账户属于资产类会计科目。在资产类会计科目中，增加记借方，减少记贷方，期末余额在借方。即企业收到银行存款，则银行存款记借方；企业支出银行存款，则银行存款记贷方，剩余的银行存款记在借方，表示企业实际银行存款账户中的余额。

（1）银行存款收入的核算

【例 4-5】 某国际股份有限公司销售产品收到转账支票一张并存入银行，其中货款 30000 元，同时应交增值税 3900 元。编制会计分录如下：

借：银行存款　　　　　　　　33900

　贷：主营业务收入　　　　　　　30000

　　　应交税费——应交增值税（销项税额）　　　3900

【例 4-6】 某国际股份有限公司收到某公司偿还前欠款项的 50000 元转账支票一张。编制会计分录如下：

借：银行存款　　　　　　　　50000

　贷：应收账款　　　　　　　　　50000

【例 4-7】某国际股份有限公司出纳将限额外的库存现金 2000 元存入银行。编制会计分录如下：

借：银行存款　　　　　　　　2000
　贷：库存现金　　　　　　　　2000

【例 4-8】 某国际股份有限公司从银行取得短期借款 200000 元。编制会计分录如下：

借：银行存款　　　　　　　　200000
　贷：短期借款　　　　　　　　200000

【例 4-9】 某国际股份有限公司从子公司分得税后利润 300000 元。编制会计分录如下：

借：银行存款　　　　　　　　300000
　贷：投资收益　　　　　　　　300000

【例 4-10】 某国际股份有限公司其中一位股东增加投资 500000 元，款项已存入银行。编制会计分录如下：

借：银行存款　　　　　　　　500000
　贷：实收资本　　　　　　　　500000

【例 4-11】 某国际股份有限公司收到生产车间生产设备报废后变卖收入 50000 元，以银行存款的形式收回。编制会计分录如下：

借：银行存款　　　　　　　　50000
　贷：其他业务收入　　　　　　50000

【例 4-12】 某国际股份有限公司收回多余的外埠存款 20000 元。编制会计分录如下：

借：银行存款　　　　　　　　　　　20000
　贷：其他货币资金——外埠存款　　　20000

【例 4-13】 某国际股份有限公司将已开具的银行汇票余额 2000 元转销。编制会计分录如下：

借：银行存款　　　　　　　　　　　　　2000
　贷：其他货币资金——银行汇票存款　　　2000

【例 4-14】 某国际股份有限公司取得银行存款账户的存款利息 275.8 元。编制会计分录如下：

借：银行存款　　　　　　　　275.8
　贷：财务费用　　　　　　　　275.8

【例 4-15】某国际股份有限公司出租其设备给甲公司，出租期限为 6 个月，收到设备押金 3000 元，存入银行。编制会计分录如下：

借：银行存款　　　　　　　　　3000

贷：其他应付款——甲公司　　　　3000

（2）银行存款支出的核算

【例 4-16】 接【例 4-15】，6 个月后，设备出租期限已到，甲公司退回设备，某国际股份有限公司退回其押金。编制会计分录如下：

借：其他应付款——甲公司　　　　3000
　贷：银行存款　　　　3000

【例 4-17】 接【例 4-15】，6 个月后，设备出租期限已到，但由于甲公司损坏设备，某国际股份有限公司扣掉押金的 50%，剩余部分退回甲公司。编制会计分录如下：

借：其他应付款——甲公司　　　　3000
　贷：银行存款　　　　1500
　　　营业外收入　　　　1500

【例 4-18】 某国际股份有限公司出纳提取库存现金 40000 元。编制会计分录如下：

借：库存现金　　　　40000
　贷：银行存款　　　　40000

【例 4-19】 某国际股份有限公司缴纳企业所得税 25000 元。编制会计分录如下：

借：应交税费——应交企业所得税　　　　25000
　贷：银行存款　　　　25000

【例 4-20】 某国际股份有限公司购买原材料，价款 70000 元，增值税 9100 元。编制会计分录如下：

借：材料采购　　　　70000
　　应交税费——应交增值税（进项税额）　　　　9100
　贷：银行存款　　　　79100

【例 4-21】 某国际股份有限公司缴纳增值税 91000 元。编制会计分录如下：

借：应交税费——应交增值税（已交税金）　　　　91000
　贷：银行存款　　　　91000

【例 4-22】 某国际股份有限公司偿还前欠银行短期借款 200000 元。编制会计分录如下：

借：短期借款　　　　200000
　贷：银行存款　　　　200000

【例 4-23】 某国际股份有限公司兑付到期的商业汇票一张，票面金额是

170000元。编制会计分录如下：

借：应付票据　　　　　　　170000

　贷：银行存款　　　　　　　170000

【例4-24】 某国际股份有限公司汇往深圳80000元开立采购物资专用存款账户。编制会计分录如下：

借：其他货币资金——外埠存款　　　80000

　贷：银行存款　　　　　　　　　　80000

【例4-25】 某国际股份有限公司以银行存款支付银行汇票存款27000元。编制会计分录如下：

借：其他货币资金——银行汇票存款　　　27000

　贷：银行存款　　　　　　　　　　　　27000

【例4-26】 某国际股份有限公司支付购买甲公司原材料的材料款370000元，款项已打入对方银行账户。编制会计分录如下：

借：应付账款　　　　　　　370000

　贷：银行存款　　　　　　　370000

【例4-27】 某国际股份有限公司将1000000元存入证券公司，以备购买有价证券。编制会计分录如下：

借：其他货币资金——存出投资款　　　1000000

　贷：银行存款　　　　　　　　　　　1000000

【例4-28】 某国际股份有限公司用银行存款支付各股东的应分配利润1200000元。编制会计分录如下：

借：应付股利　　　　　　　1200000

　贷：银行存款　　　　　　　1200000

【例4-29】 某国际股份有限公司以银行存款支付短期借款的利息700元。编制会计分录如下：

借：应付利息　　　　　　　700

　贷：银行存款　　　　　　　700

第5章 银行转账与结算

在企业经营过程中，当涉及大额收入或者支出时，若采用库存现金结算，不仅操作不便，也不符合相关现金管理规定，因此，银行结算方式应运而生，有效提升了企业资金往来的效率与便利性。

5.1 银行转账结算的管理

企业在经营过程中的款项往来，基本通过银行转账实现。银行转账虽然方便、快捷，但是办理转账手续的人即出纳如果不够细心，也很可能出现由于款项填写错误、未能及时入账导致支票作废等问题。所以，为保证企业资金安全，经营活动能够正常进行，在银行转账过程中，必须按照转账结算的相关规定来办理。

5.1.1 银行转账结算应注意的问题

银行转账结算因为不涉及现金的往来，所以很方便、很快捷，但是在转账结算的过程中，出纳稍不注意，很可能出现一些不必要的经济纠纷。所以，在转账结算过程中，必须注意以下问题：

① 结算时必须遵守国家法律、法规以及银行转账结算中的规定。

② 办理银行转账结算时，企业银行账户必须有足够的资金。

③ 企业办理结算时，由于填写票据错误、丢失票据等造成经济损失的，由企业自行负责。

④ 填制好相关票据后，应及时到银行办理转账手续，避免遗失票据。

⑤ 在办理转账过程中，银行给予的记账联，应妥善保存，以备月底时入账。

5.1.2 转账支票入账

企业在经营过程中，会经常收到已填好日期的转账支票作为收入所得。出纳在拿到转账支票时，应及时去开户银行办理转账手续。其流程如下：

① 在收到的转账支票正联正面“收款人”处填写本企业全称。以中国工商银行的转账支票为例，其支票正面样式如图 5-1 所示。

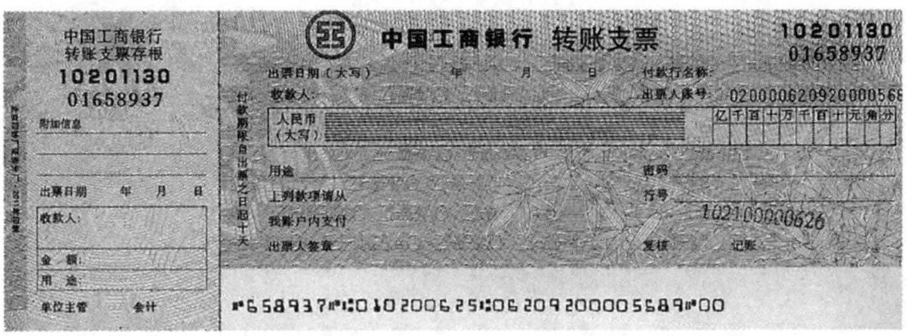

图 5-1 转账支票正面

② 支票背面“被背书人”处填写本企业开户行名称，在“背书人签章”一栏填写“委托收款”字样，并加盖本企业在开户行的预留印鉴，即财务章及人名章。以中国工商银行的转账支票为例，其支票背面样式如图 5-2 所示。

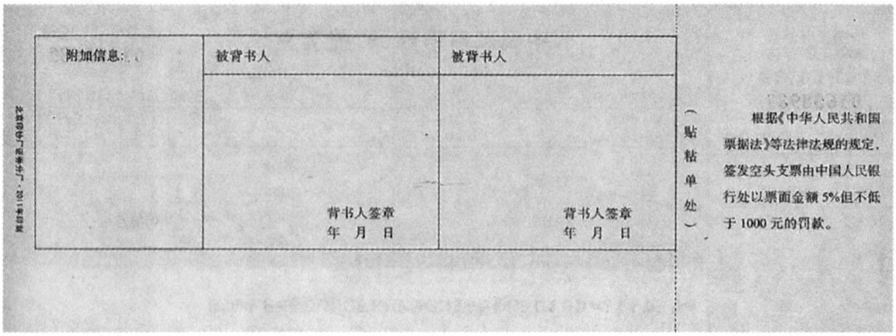

图 5-2　转账支票背面

③ 填写进账单，进账单一式三联，填写好进账单后连同支票一并送交开户银行对公柜台办理转账。以中国工商银行转账支票为例，其进账单样式如图 5-3 所示。

中国工商银行　　进账单(回单)

年　月　日

出票人	全　称		收款人	全　称											
	账　号			账　号											
	开户银行			开户银行											
金额	人民币 (大写)				亿	千	百	十	万	千	百	十	元	角	分
票据种类		票据张数													
票据号码															
复核　记账				开户银行签章											

图 5-3　进账单

注意：进账单中，“出票人”为付款单位，“收款人”为本企业。

④ 开户行审核无误后，会返回企业一联进账通知单，并随后将款项划入本企业银行账户内。

注意：转账支票的提示付款期限为 10 天，不是 10 个工作日，所以，出纳在拿到转账支票后，要务必看清楚转账支票的开票时间，及时办理转账。

5.1.3 转账支票汇款

企业付款的方式有很多，但是电汇是最快捷、方便又安全的。只要本企业开户银行账户上有足够资金，即可办理汇款。在办理汇款时，同样需要填写转账支票。其流程如下：

① 在转账支票正联正面“出票日期”处填写大写的出票日期，即转账日期。

② 在正联“收款人”处填写收款单位名称。

③ 在正联填写汇款金额的大小写。

④ 在“密码”栏填写本张转账支票的密码。

⑤ 在“出票人签章”处加盖企业财务章以及人名章。

⑥ 填写支票存根联的相关信息并留存，以备月底做账时使用。

⑦ 转账支票背面不用填写任何信息。

⑧ 根据本企业开户信息及收款单位开户信息填写“电汇凭证”，即汇款单，如图 5-4 所示。

中国工商银行**电汇**凭证(回单)

□普通　　□加急　　　　委托日期　　　年　月　日

<table>
<tr><td rowspan="3">汇款人</td><td>全　称</td><td colspan="2"></td><td rowspan="3">收款人</td><td>全　称</td><td colspan="11"></td></tr>
<tr><td>账　号</td><td colspan="2"></td><td>账　号</td><td colspan="11"></td></tr>
<tr><td>汇出地点</td><td colspan="2">省　　　市/县</td><td>汇入地点</td><td colspan="11">省　　　市/县</td></tr>
<tr><td colspan="2">汇出行名称</td><td colspan="2"></td><td colspan="2">汇入行名称</td><td colspan="11"></td></tr>
<tr><td rowspan="2">金额</td><td colspan="5" rowspan="2">人民币
(大写)</td><td>亿</td><td>千</td><td>百</td><td>十</td><td>万</td><td>千</td><td>百</td><td>十</td><td>元</td><td>角</td><td>分</td></tr>
<tr><td></td><td></td><td></td><td></td><td></td><td></td><td></td><td></td><td></td><td></td><td></td></tr>
<tr><td colspan="4" rowspan="2">汇出行签章</td><td colspan="2">支付密码</td><td colspan="11"></td></tr>
<tr><td colspan="13">附加信息及用途

复核：　　　记账：</td></tr>
</table>

图 5-4　中国工商银行电汇凭证

⑨ 填写银行汇款手续费单据，即收费凭条，如图 5-5 所示。

填制收费凭条程序：填写汇款日期、企业名称以及开户账户，“服务项目”处填写“汇款”，“小计”以及“合计”处填写汇款手续费小写金额，“币种”处填写汇款手续费大写金额，“预留印鉴”处加盖企业财务章以及人名章。

⑩ 将填制好的转账支票、电汇凭证以及汇款手续费单据一并交给银行对公办事人员，办事人员审核后交给出纳汇款单第一联用以做账。

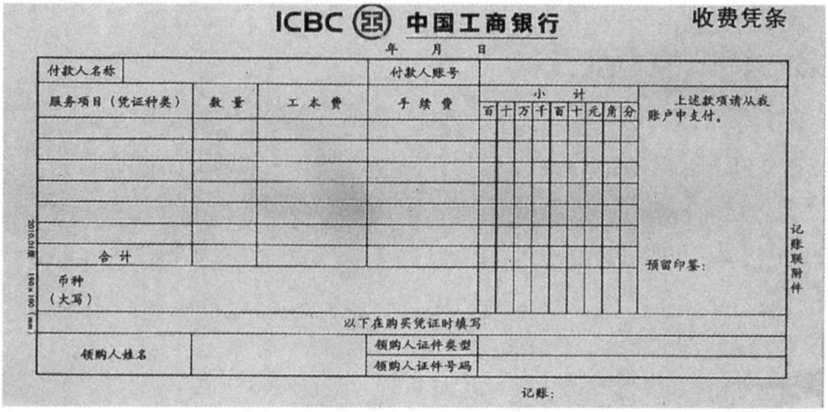

ICBC 中国工商银行　　收费凭条

年　月　日

付款人名称			付款人账号		
服务项目（凭证种类）	数量	工本费	手续费	小计（百 十 万 千 百 十 元 角 分）	上述款项请从我账户中支付。
合计					预留印鉴：
币种（大写）					
以下在购买凭证时填写					
领购人姓名			领购人证件类型		
			领购人证件号码		

记账：

记账联附件

2010.01版　190×100（mm）

图 5-5　中国工商银行收费凭条

⑪ 款项划转成功，通知收款单位。

提示 1： 工行对工行同城转账是不收费的。对公跨行同城、对公跨行异地、对公本行异地转账汇款按以下手续费收取 :1 万元 (含) 以下，5 元 / 笔；1 万～ 10 万元（含），10 元 / 笔；10 万～ 50 万元（含），15 元 / 笔；50 万～ 100 万元（含），20 元 / 笔；100 万元以上，按转账金额的 0.002% 收取，最高收费 200 元 / 笔。对公本行同城转账汇款免收手续费。

说明：

① 通过电子银行渠道发生的转账汇款，收费同上述标准。

② 通过电子银行渠道处理的，同城非联机处理的业务 1 元 / 笔；当地人民银行另有规定的，按人民银行规定执行。自 2024 年 9 月 30 日至 2027 年 9 月 30 日，对小微企业和个体工商户通过柜台、网上银行、手机银行、ATM 等渠道进行的单笔 10 万元（含）以下的对公转账汇款业务，免收对公本行转账汇款手续费，按 9 折收取对公跨行转账汇款手续费。

提示 2： 对公本行异地转账时，客户要求实时到账的，在以上手续费基础上上浮 20%，但每笔最高收费标准不变。

提示 3： 收款人及付款人均在本行同一网点开户的，即时到账；收款人及付款人不在同一网点开户 (含本行及跨行) 的，到账时间以提交支票时银行告知的时间为准。

5.2　银行转账结算程序

在银行转账结算的过程中，大都是通过不同票据的传递实现款项的划拨，达到付款方与收款方结算经济款项的目的。企业通过银行转账结算时，可以采用的支付结算方式主要有银行汇票、商业汇票、银行本票、支票、托收承付、委托收款、汇兑等。下面就这几种结算方式的程序作具体的说明。

5.2.1 银行汇票结算程序

银行汇票是指汇款人将款项交存当地银行，由银行签发给汇款人，是其在见票时按照实际结算金额无条件支付给收款人或者持票人的票据，其提示付款期限是自出票日期起一个月。银行汇票适用于先收款后发货或钱货两清的商品交易，不受是否在银行开户的限制，单位和个人均可使用。银行汇票可用于转账，但填明“现金”字样的也可用于支取现金。其结算程序如图 5-6 所示。

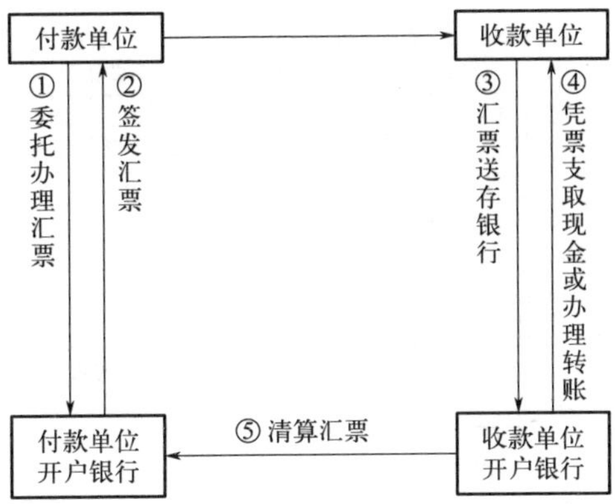

图 5-6 银行汇票结算程序

5.2.2 商业汇票结算程序

商业汇票是由付款人或背书人签发，由承兑人承兑，并于到期日向收款人或被背书人支付款项的票据。商业汇票只适用于企业之间先发货后收款或双方协定延期付款的商品交易。纸质商业汇票的付款期限由交易双方商定，但最长不超过 6 个月；电子商业汇票的付款期限自出票日起到到期日止，最长不超过 1 年。商业汇票的提示付款期限是自商业汇票到期日起 10 天。其结算程序如图 5-7 所示。

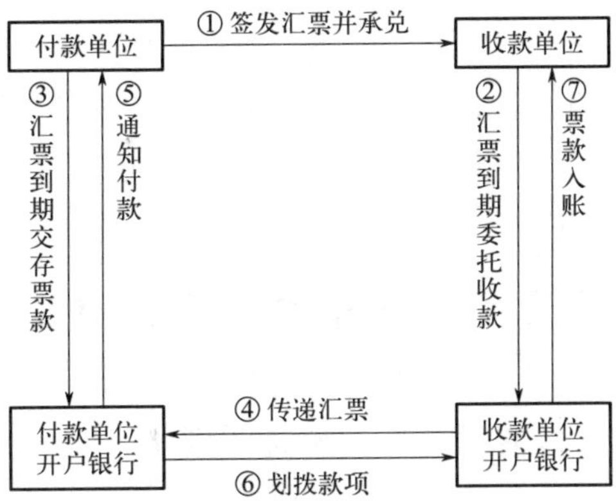

图 5-7 商业汇票结算程序

5.2.3 银行本票结算程序

银行本票是银行签发的，承诺自己在见票时无条件支付确定的金额给收款人或持票人的票据。银行本票适用于在同一票据交换区域需要支付各种款项的单位或个人，可用于转账，也可用于提取现金。银行本票见票即付。其结算程序如图 5-8 所示。

5.2.4 支票结算程序

支票是出票人签发的，委托办理支票存款业务的银行在见票时无条件支付确定金额给收款人或持票人的票据。支票可分为现金支票、转账支票和普通支票三种，三种支票的提示付款期限均为 10 天，超过提示付款期限提示付款的，持票人开户银行不予办理，付款人不予付款。其结算程序如图 5-9 所示。

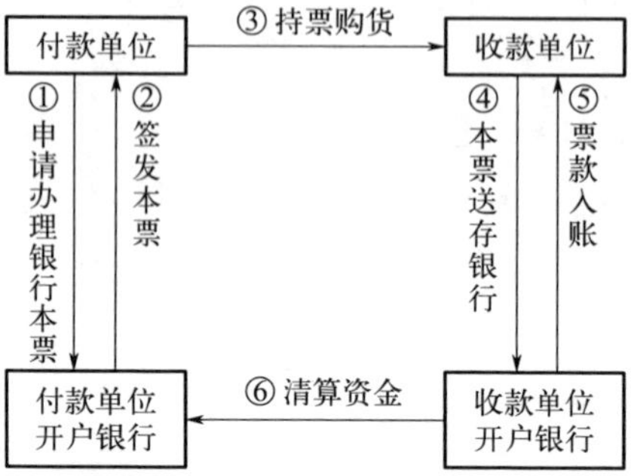

图 5-8 银行本票结算程序

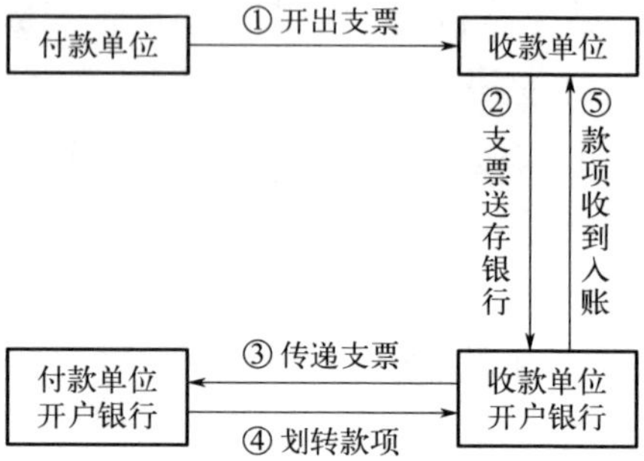

图 5-9 支票结算程序

5.2.5 托收承付结算程序

托收承付，是企业之间按照合同约定，由收款人发货后，委托银行向异地付款人收取款项，付款人向银行承付的结算方式，又被称为异地托收承付。企业代销、寄销以及赊销商品的款项不得办理托收承付结算。其结算程序如图 5-10 所示。

5.2.6 委托收款结算程序

委托收款是收款人向银行提供收款依据，委托银行向付款人收取款项的一种结算方式，同城和异地均可使用。其结算程序如图 5-11 所示。

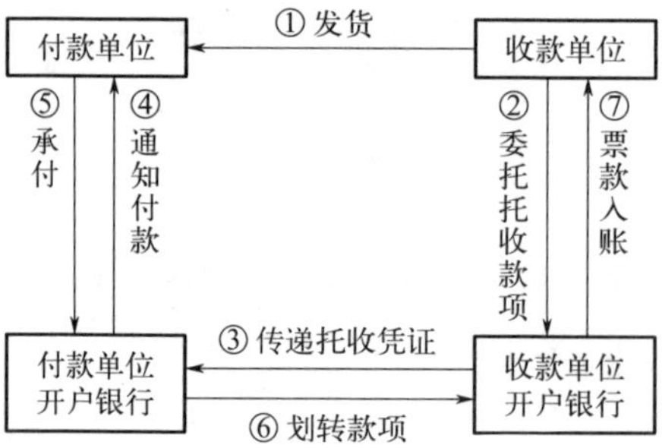

图 5-10 托收承付结算程序

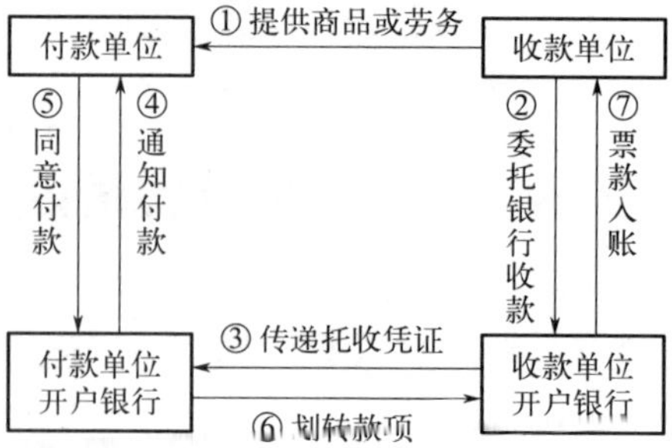

图 5-11 委托收款结算程序

5.2.7　汇兑结算程序

汇兑是付款单位或个人委托银行将款项支付给收款单位的结算方式，即汇款。汇款可分为信汇和电汇，企业日常结算中常用的是电汇。电汇有普通汇款和加急汇款。其结算程序如图 5-12 所示。

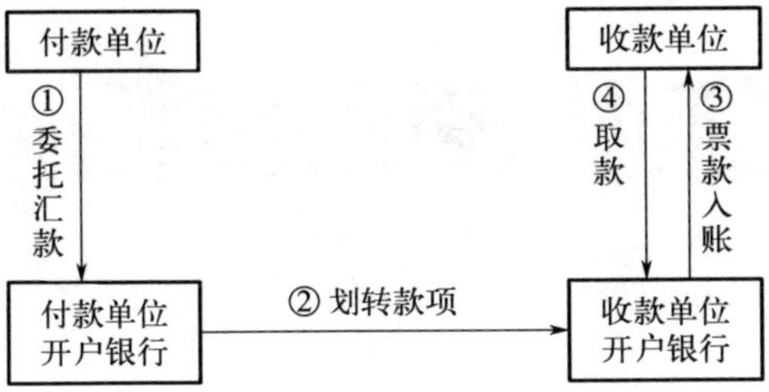

图 5-12　汇兑结算程序

第6章 税务、五险一金其实很简单

作为企业的一名出纳，自然免不了和税务以及社保机构打交道，而这些工作又是相当琐碎的。在办理的过程中，一件事情可能要反复办理多次才能办成。但是，如果了解了税务以及社保机构的一些办事要求及办事流程，就能在进出这些机构时减少很多烦恼，节省办事时间，提高办事效率。

6.1 了解税务

按照国家税收法律规定，纳税人应履行纳税义务，及时足额缴纳各项税款，这是纳税人享有国家提供公共产品和公共服务的前提和基础。所谓“取之于民，用之于民”，国家征收税金，一方面可监督企业经营状况，另一方面可将税收进行财产再分配，提高整个国家的经济发展水平。

6.1.1 开业税务登记

新开立的企业在领取工商营业执照之后，必须及时办理开业税务登记，保证及时向国家主管税务机关提供反映企业具体经营情况的会计资料，实现税务在企业经营过程中的监督职能。

（1）办理开业税务登记的时间

① 已领取过工商营业执照的纳税人，应当自领取营业执照之日起 30 日内，主动依法向主管税务局申报办理税务登记。

② 按规定不需要领取营业执照的纳税人，应当自有关部门批准之日起 30 日内或者自发生纳税义务之日起 30 日内，主动依法向主管税务局申报办理税务登记。

（2）办理开业税务登记的地点

① 纳税的企事业单位向其生产、经营所在地主管税务局申报办理税务登记；在外地有分公司的，分公司同时还应向其所在地主管税务局申报办理税务登记。

② 有固定经营地点的个体工商户向经营地主管税务局申报办理税务登记；无固定经营地点的个体工商户，向户籍所在地主管税务局申报办理税务登记。

③ 未领取营业执照从事承包、租赁经营的纳税人，向经营地主管税务局申报办理税务登记。

（3）办理开业税务登记的手续

办理开业税务登记时，纳税人除提出书面申请报告外，还应提供下列有关证件、资料：

① 营业执照。

② 法人代表人的居民身份证或其他可证明身份的证件，如护照、户口簿等。

③ 总公司所在地主管税务局证明。

④ 主管税务局要求提供的其他有关证件、资料。

注意：提交的资料中，需要复印件的，必须在复印件上注明“与原件一致”字样，并加盖企业公章。

6.1.2 税务登记变更

企业变更名称、法定代表人、企业性质、企业经营场所、经营范围、开户银行及账号等内容的，根据《中华人民共和国税收征收管理法》（后统一简称为《税收征管法》）第十六条“自工商行政管理机关办理变更登记之日起三十日内，或者在向工商行政管理机关申请办理注销登记之前，持有关证件和资料向税务机关申报办理变更或者注销税务登记”的规定，所带证件如下：

① 营业执照。

② 变更登记的有关证明文件。

③ 其他有关证件。

【例 6-1】 某国际股份有限公司因经营需要变更了经营场所，变更后仍属原主管税务机关管辖，所以，在税务部门规定的时间内公司未及时作税务登记变更。

分析上述案例中的做法是否正确并说明原因。

解答：根据相关规定，企业变更名称、法定代表人、企业性质、企业经营场所、经营范围、开户银行及账号等内容的，纳税人应当“自工商行政管理机关办理变更登记之日起三十日内，或者在向工商行政管理机关申请办理注销登记之前，持有关证件向税务机关申报办理变更或者注销税务登记”。即使其仍属原主管税务机关管辖，也要作登记变更。

6.1.3 税务登记注销

企业发生破产、解散、撤销以及其他依法应当终止履行纳税义务的，应当在向工商行政管理机关办理注销登记前，持相关证件到主管税务局提出注销税务登记的申请报告；办理完拿到注销通知书后再到市场监管局办理注销登记。

企业因变动经营场所而改变主管税务局的，应当在改变经营场所之前，申报办理注销税务登记。同时向企业新的主管税务局重新办理税务登记，其办理程序和手续与开业税务登记相同。

企业办理注销登记之前，应当向主管税务局缴清应纳税款、滞纳金、罚款。

【例 6-2】 某国际股份有限公司变更经营场所后，所属主管税务机关也同时变更，公司在新经营场所经营后，出纳到新税务机关办理税务登记，因未办理原所属税所的注销登记被新税务机关予以拒绝。

分析上述案例中公司的做法有何不妥，并说明原因。

解答：根据相关规定，企业在新经营场所进行税务登记之前，应先在原主管税所办理注销税务登记，同时缴清应缴纳款项。注销完成之后，才可以到新经营场所进行税务登记。而某国际股份有限公司变更经营场所后未作任何注销，所以被拒绝。

6.1.4 如何办理纳税申报

出纳在工作中，可能会做一些会计的外勤工作，如到税务局报税、缴税等，所以，了解纳税申报的一些基本知识，能让出纳的工作少走弯路，减少出错的概率。

（1）纳税申报的期限

为了及时向企业主管税务部门反映企业的经营情况，企业应在税务机关规定的日期内，在网上进行纳税申报。对于常见的几种税种，税务机关规定其纳税申报的期限如下：

① 增值税、消费税纳税人以 1 个月或者 1 个季度为 1 个纳税期的，自期满之日起 15 日内申报纳税；以其他日期为 1 个纳税期的，自期满之日起 5 日内预缴税款，于次月 1 日起 15 日内申报纳税并结清上月应纳税款。

② 城市维护建设税、地方教育附加以及教育费附加应在增值税、消费税纳税申报的同时进行申报。

③ 企业所得税纳税人应当自年度终了之日起 5 个月内，向税务机关报送年度企业所得税纳税申报表，并汇算清缴，结清应缴应退税款。

④ 企业所得税汇算清缴一般在次年的 1 ～ 5 月进行。

⑤ 其他税种，税法已明确规定纳税申报期限的，按税法规定的期限申报；税法未明确规定纳税申报期限的，按主管税务局根据具体情况确定的期限申报。

企业办理纳税申报的期限的最后一日，如遇公休、节假日可以顺延。

纳税人因不可抗力原因而不能及时办理纳税申报的，可以延期办理，但在不可抗力消除之后，应立即向其主管税务机关申请纳税申报。

【例 6-3】 某国际股份有限公司为一般纳税人，其经营范围在 20×× 年初做出变更，在以前经营范围的基础上增加了“技术服务、技术咨询”，在纳税申报时，该公司都需要交什么税种？

解答：作为一般纳税人，其主要申报的税种包括增值税、城市维护建设税、教育费附加、地方教育附加、企业所得税、个人所得税、印花税、城镇土地使用税、房产税、车船税等。

【例 6-4】 某国际股份有限公司出纳 20×× 年 2 月由于生病住院，一直到 3 月下旬才出院，在这期间错过了纳税申报时间，出纳认为这属于不可抗力，可延期申报，所以未到税务机关作任何说明，准备下月一起做纳税申报。

分析上述案例中出纳的做法是否正确并解释原因。

解答：出纳的做法是错误的。对于不可抗力，纳税申报可延期，但是出纳的理由是生病，是可克服的因素，而不是不可抗力，不可延期；况且出纳出院后也未就此情况向税务机关作出任何说明。针对这种情况，其主管税务机关有理由根据相关规定对某国际股份有限公司作出一定处罚。

（2）纳税申报的地点

由于企业经营的具体情况各不相同，在经营过程中可能会有一些不确定因素发生，此时，应根据企业自身情况以及经营等实际情况，在规定期限内，到税务机关指定的地点做纳税申报。

① 已在税务机关登记的企业应在其主管税务机关纳税申报。

② 未在税务机关办理登记手续的应到其生产经营所在地主管税务机关纳税申报。

③ 在外地取得销售收入，《中华人民共和国增值税暂行条例实施细则》规定："应当分别向各自所在地的主管税务机关申报纳税（经批准可由总机构汇总申报的除外）。别外县（市）销售货物或劳务，应向其机构所在地的主管税务机关报告外出经营事项并申报纳税。"

④《营业税改征增值税试点实施办法》第六条规定："中华人民共和国境外（以下称境外）单位或者个人在境内发生应税行为，在境内未设有经营机构的，以购买方为扣缴义务人。财政部和国家税务总局另有规定的除外。"

【例 6-5】 某国际股份有限公司一销售人员在外地销售一批产品取得货款 57000 元，未在销售地进行纳税申报。请问这笔销售额应在何处进行纳税申报?

解答：根据相关规定，在外地取得销售收入，"应当向其机构所在地的主管税务机关报告外出经营事项，并向其机构所在地的主管税务机关申报纳税"，这笔销售款项既然未在当地进行纳税申报，则可以在某国际股份有限公司的主管税务机关补缴税款。

【例 6-6】 某国际股份有限公司请国外一位维修人员来公司维修设备，付给维修人员 30000 元的劳务费，请问这笔劳务费应在何处进行纳税申报?

解答：根据相关规定，“中华人民共和国境外的单位或者个人在境内发生应税行为，在境内未设有经营机构的，以购买方为扣缴义务人”，所以，某国际股份有限公司出纳给维修人员支付劳务费时，就可以按照国内劳务费使用税率代为扣除，并向公司主管税务机关进行申报，缴纳税款。

（3）纳税申报的方式

企业在纳税申报时，可根据自身实际情况选择不同的申报方式，纳税申报的方式主要有以下几种：

① 直接上门申报。企业在纳税申报期限内，到主管税务局办理纳税申报、代扣代缴、代收代缴税款报告。

② 网上申报。企业可通过网上办税厅、办税软件等方式直接进行纳税申报，省去了直接到税务大厅申报时排队的困扰。

随着会计电算化的不断深入发展，网上申报已经成为企业纳税申报的主流趋势。但需要注意的是，不管采用以上哪种申报方式，都要通过主管税务机关的审核批准。

（4）纳税申报的手续

企业从办税软件下载本征期所需要申报的报表，按照表中内容逐项如实填写后上传审核、接收受理结果。

企业办理纳税申报时，应根据不同情况提供下列有关资料：

① 资产负债和利润表及其说明材料。

② 增值税销项税额和进项税额明细表。

③ 增值税纳税人减免申报表。

④ 应税服务扣除项目明细。

⑤ 增值税纳税申报表（主表）。

⑥ 国家税务机关规定应当报送的其他附表。

6.1.5 税费的核算

企业在缴纳税款时，其经营状况也在被国家所监督，这有利于国家随时掌握社会经济动态，为下一步发展做出宏观调控。企业在生产经营过程中，会用到方方面面的资源，应缴的税费名目自然也很多，主要有：

① 增值税＝商品销售收入（不含税）×3%（小规模纳税人）。

② 增值税＝［商品销售收入（不含税）－进货金额（不含税）］×13%（一般纳税人）。

③ 地方教育附加＝（应纳增值税＋消费税）×2%。

④ 消费税 = 销售额 × 适用税率（行业不同，其适用税率不同）。

⑤ 城市维护建设税 =（应纳增值税 + 消费税）×7%。

⑥ 教育费附加 =（应纳增值税 + 消费税）×3%。

⑦ 个人所得税 = 应纳税所得额 × 适用税率 − 速算扣除数。

个人所得税税率表（工资、薪金所得适用）如表 6-1 所示。

表 6-1 个人所得税税率表

级数	应纳税所得额	税率 /%	速算扣除数
1	不超过 36000 元的	3	0
2	超过 36000 元至 144000 元的部分	10	2520
3	超过 144000 元至 300000 元的部分	20	16920
4	超过 300000 元至 420000 元的部分	25	31920
5	超过 420000 元至 660000 元的部分	30	52920
6	超过 660000 元至 960000 元的部分	35	85920
7	超过 960000 元的部分	45	181920

以上税种均为月报，即每月企业都要到主管税务局申报纳税额。

① 企业所得税 = 应纳税所得额 × 税率 25%。所得税为季报。

提示：应纳税所得额 = 会计利润 + 纳税调整增加额 − 纳税调整减少额。符合条件的小型微利企业，自 2023 年 1 月 1 日至 2027 年 12 月 31 日，对其减按 25% 计算应纳税所得额，按 20% 的税率缴纳企业所得税，实际税负为 5%，小型微利企业，是指从事国家非限制和禁止行业，且同时符合年度应纳税所得额不超过 300 万元、从业人数不超过 300 人、资产总额不超过 5000 万元等三个条件的企业。

② 印花税。在中华人民共和国境内书立应税凭证、进行证券交易的单位和个人，都是印花税的纳税义务人，应当按照条例的规定缴纳印花税。印花税税目税率表如表 6-2 所示。

③ 城镇土地使用税 = 应税土地的实际占用面积 × 适用单位税额。其适用单位税额根据城市不同而有所差别：

a. 大城市 1.5 ～ 30 元。

b. 中等城市 1.2 ～ 24 元。

c. 小城市 0.9 ～ 18 元。

d. 县城、建制镇、工矿区 0.6 ～ 12 元。

表 6-2　印花税税目税率表

税目		税率	备注
合同（指书面合同）	借款合同	借款金额的万分之零点五	指银行业金融机构、经国务院银行业监督管理机构批准设立的其他金融机构与借款人（不包括同业拆借）的借款合同
	融资租赁合同	租金的万分之零点五	
	买卖合同	价款的万分之三	指动产买卖合同（不包括个人书立的动产买卖合同）
	承揽合同	报酬的万分之三	
	建设工程合同	价款的万分之三	
	运输合同	运输费用的万分之三	指货运合同和多式联运合同（不包括管道运输合同）
	技术合同	价款、报酬或者使用费的万分之三	不包括专利权、专有技术使用权转让书据
	租赁合同	租金的千分之一	
	保管合同	保管费的千分之一	
	仓储合同	仓储费的千分之一	
	财产保险合同	保险费的千分之一	不包括再保险合同
产权转移书据	土地使用权出让书据	价款的万分之五	转让包括买卖（出售）、继承、赠与、互换、分割
	土地使用权、房屋等建筑物和构筑物所有权转让书据（不包括土地承包经营权和土地经营权转移）	价款的万分之五	
	股权转让书据（不包括应缴纳证券交易印花税的）	价款的万分之五	
	商标专用权、著作权、专利权、专有技术使用权转让书据	价款的万分之三	
营业账簿		实收资本（股本）、资本公积合计金额的万分之二点五	
证券交易		成交金额的千分之一	

④ 房产税，其采用的比例税率，具体有两种情况：从价计征和从租计征。

a. 从价计征应纳税额 = 房产原值 ×（1- 规定的减除比例）×1.2%。

b. 从租计征应纳税额 = 租金收入 ×12%。

⑤ 车船使用税，其税率采用定额税率，具体有两种情况：

a. 车辆税额，由各地根据当地具体情况，确定本地车辆的适用税额。

b. 船舶税额，实行全国统一的分类分级税额。

（1）增值税的核算

【例 6-7】 某国际股份有限公司 20×× 年 3 月 6 日出售一批产品，开具的发票上已注明，产品价款 200000 元，增值税 26000 元，货款已存入银行。据此编制会计分录。

解答：编制会计分录如下：

借：银行存款　　226000

　贷：主营业务收入　　200000

　　应交税费——应交增值税（销项税额）　　26000

【例 6-8】 某国际股份有限公司 20×× 年 3 月 21 日购买原材料价款为 120000 元，税金 15600 元，款项均已由银行支付。据此编制会计分录。

解答：编制会计分录如下：

购买原材料时：

借：材料采购　　120000

　应交税费——应交增值税（进项税额）　　15600

　贷：银行存款　　135600

【例 6-9】 根据【例 6-7】【例 6-8】计算某国际股份有限公司 3 月份应纳增值税税额。

解答：应纳增值税税额 = 销项税额 - 进项税额 =26000-15600=10400 元。

（2）消费税的核算

【例 6-10】 某国际股份有限公司 20×× 年 3 月份销售汽车轮胎应纳消费税为 57000 元。据此编制相关会计分录。

解答：计提消费税时，会计分录如下：

借：税金及附加　　57000

　贷：应交税费——应交消费税　　57000

缴纳消费税时，会计分录如下：

借：应交税费——应交消费税　　57000

　贷：银行存款　　57000

（3）城市维护建设税、地方教育附加及教育费附加的核算

【例 6-11】 根据某国际股份有限公司 3 月份发生的经济业务，计算其城市维护建设税、地方教育附加及教育费附加并编制相关会计分录。

解答： 城市维护建设税 =（应纳增值税 + 消费税）×7%

地方教育附加 =（应纳增值税 + 消费税）×2%

教育费附加 =（应纳增值税 + 消费税）×3%

（10400+57000）×7%=4718 元

（10400+57000）×2%=1348 元

（10400+57000）×3%=2022 元

计提税金时，会计分录如下：

借：税金及附加　　8088

　贷：应交税费——应交城市维护建设税　　4718

　　　应交税费——应交地方教育附加　　1348

　　　应交税费——应交教育费附加　　2022

交纳税款时，会计分录如下：

借：应交税费——应交城市维护建设税　　4718

　　应交税费——应交地方教育附加　　1348

　　应交税费——应交教育费附加　　2022

　贷：银行存款　　8088

（4）个人所得税的核算

【例 6-12】 某国际股份有限公司 3 月份企业代扣代缴个人所得税 7320 元。据此编制相关会计分录。

解答： 企业在扣款时，编制会计分录如下：

借：应付职工薪酬　　7320

　贷：应交税费——应交个人所得税　　7320

企业缴纳税款时，会计分录如下：

借：应交税费——应交个人所得税　　7320

　贷：银行存款　　7320

（5）企业所得税的核算

【例 6-13】 某国际股份有限公司 3 月底计提所得税共计 3000 元。据此编制相关会计分录。

解答： 企业在计提所得税时，会计分录如下：

借：所得税费用　　3000

　贷：应交税费——应交所得税　　3000

4 月初企业交纳税金时，会计分录如下：

借：应交税费——应交所得税　　　　3000

　贷：银行存款　　　　　　　　　　3000

（6）印花税的核算

【例 6-14】 某国际股份有限公司 20×× 年 3 月 17 日与甲公司签订技术服务合同一份，合同金额为 15 万元，印花税税率为 0.3‰。计算其应纳印花税额并编制相关会计分录。

解答： 150000×0.3‰ =45 元。

编制会计分录如下：

借：税金及附加——印花税　　　　45

　贷：应交税费——应交印花税　　　　45

借：应交税费——应交印花税　　　　45

　贷：库存现金　　　　　　　　　　45

（7）城镇土地使用税的核算

【例 6-15】 某国际股份有限公司应税土地的实际占用面积为 600m^2，其适用单位税额为 25 元，计算其城镇土地使用税并编制相关会计分录。

解答： 600×25=15000 元。

计提城镇土地使用税时，会计分录如下：

借：税金及附加——城镇土地使用税　　　　15000

　贷：应交税费——应交城镇土地使用税　　　　15000

缴纳城镇土地使用税时，会计分录如下：

借：应交税费——应交城镇土地使用税　　　　15000

　贷：银行存款　　　　　　　　　　　　　　15000

（8）房产税的核算

【例 6-16】 某国际股份有限公司的经营场所为自有房产，原值为 1800 万元，其规定的减除比例为 30%，计算其应纳房产税额并编制相关会计分录。

解答： 1800×（1-30%）×1.2%=15.12 万元。

计提房产税时，会计分录如下：

借：税金及附加——房产税　　　　151200

　贷：应交税费——应交房产税　　　　151200

缴纳房产税时，会计分录如下：

借：应交税费——应交房产税　　　　151200

　贷：银行存款　　　　　　　　　　151200

（9）车船使用税的核算

【例 6-17】 某国际股份有限公司自有车辆分别为载货汽车 2 辆，共计 60 个吨位，每吨位车船税年税额为 96 元，大型客车 2 辆，小型客车 5 辆。假设大型客车每辆年税额为 600 元，小型客车每辆年税额为 480 元。计算其年缴纳车船税额并编制相关会计分录。

解答：60×96+2×600+5×480=9360 元。

计提车船税金时，会计分录如下：

借：税金及附加——车船税　　　　9360

　贷：应交税费——应交车船税　　　　9360

缴纳税金时，会计分录如下：

借：应交税费——应交车船税　　　　9360

　贷：银行存款　　　　　　　　　　9360

6.1.6　税款征收方式

税务机关根据企业的经营规模、企业财务制度的建立情况以及财务资料的完备度，确定企业所适用的税款征收方式，大致分为以下几种。

① 自核自缴，主要突出企业的纳税自觉性，适用于财务制度相对健全且能按时自觉缴纳税款的大中型企事业单位，其缴纳程序如图 6-1 所示。

② 申报核实缴纳，适用于生产经营正常、财务制度基本健全、财务资料完整的企业，其缴纳程序如图 6-2 所示。

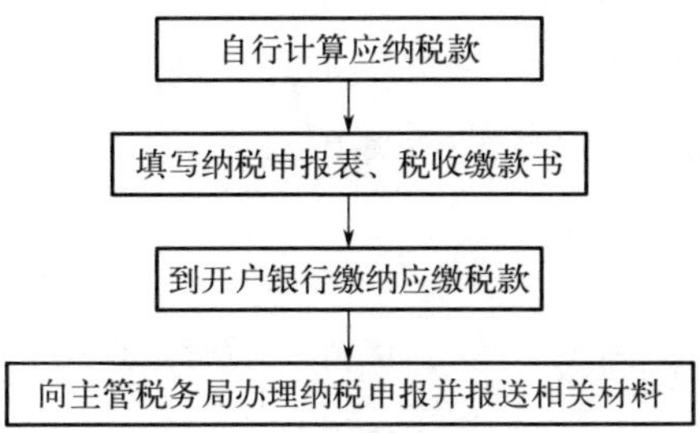

图 6-1　自核自缴税款流程图

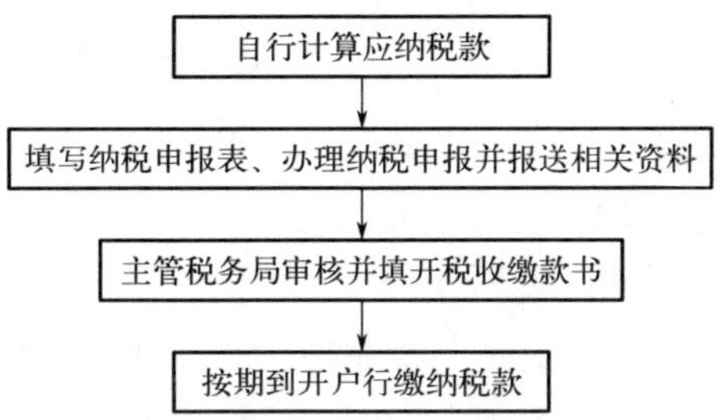

图 6-2　申报核实缴纳税款流程图

③ 申报查定缴纳，适用于财务制度不健全、财务资料不完备的企业。其缴纳程序如图 6-3 所示。

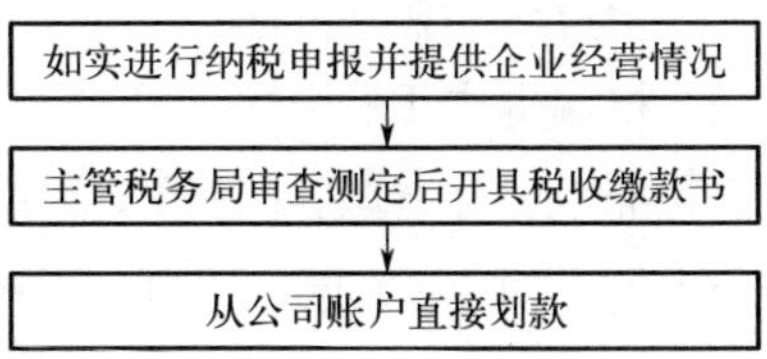

图 6-3　申报查定缴纳税款流程图

④ 定额申报缴纳，主要是针对个体工商户，其生产经营规模较小，不能提供准确的

纳税资料，由其主管税务局根据其所在地、经营面积、经营状况等核定出一个定额的应纳税款额度。

6.1.7 违反税款缴纳规定的法律责任

企业在生产经营过程中，很可能出现违反税款缴纳规定的情况，其中包括欠税，未按规定扣缴、代征税款，偷税漏税，骗税以及抗税等行为。以上情况无论是企业无意还是有意为之，一旦出现，企业都将会受到法律的制裁。

（1）欠税

企业在纳税期内很可能因为疏忽而忘记申报纳税额，或者在缴税过程中少缴纳税款项，以及在欠缴税款期间，转移及藏匿其财产，使主管税务机关无法追缴其所欠税款，主管税务机关应按相关规定进行处罚。

（2）未按规定扣缴、代征税款

扣缴义务人以及代征人未按规定进行扣缴或者代征税款的，一般情况下必须按规定及时缴纳相应税款。但是在纳税人拒绝代扣、代收以及拒绝缴纳或者代征人因故不能代征税款时，扣缴义务人以及代征人应及时报告税务机关。扣缴义务人及时报告的，不需要缴纳应扣未扣、应收未收的税款，由税务机关向纳税人追缴税款、滞纳金；代征人及时报告的，可按规定免除责任。若扣缴义务人以及代征人未及时报告税务机关，则需承担责任。

（3）偷税漏税

偷税漏税是比较常见的违反税款缴纳规定的行为。企业为了少缴纳所得税，会多做生产成本或少做收入，如买发票做账、做账外账等；也有个人为了少缴纳所得税，对于不想缴纳个人所得税的部分拿发票顶齐。对于以上情况，税务机关一旦发现，除追缴应缴纳税款外，还会根据相关规定，处以一定的罚款。

（4）骗税

骗税是指企事业单位或者其他社会机构以及个人对所生产或者经营的商品采取假报出口等欺骗手段，骗取国家出口退税款的行为。税务机关对于以上骗税行为，除追缴其骗取的退税款外，也会根据相关规定，处以一定的罚款。

（5）抗税

抗税是指以暴力、威胁方法拒不缴纳税款的行为。抗税情节轻微，未构成犯罪的，由国家税务机关追缴其拒缴的税款、滞纳金，根据相关规定，处以一定的罚款。构成犯罪的，由司法机关依法处罚。

【例 6-18】 某国际股份有限公司会计在 20×× 年 10 月份已计提城镇土

地使用税，但是因为疏忽，忘记申报，其应纳税额是15000元。20××年底，出纳已在主管税务机关规定的限期内缴纳所欠税款，税务机关除追缴公司未缴应纳税款外，还对其处以欠缴税款0.5倍的罚款，即7500元。

分析上述案例中税务机关的做法是否正确并说明原因。

解答：税务机关的做法不对。某国际股份有限公司的上述行为构成了欠税行为，但根据《税收征管法》的规定，“纳税人、扣缴义务人在规定期限内不缴或者少缴应纳或应解缴的税款，经税务机关责令限期缴纳，逾期仍未缴纳的，税务机关除依照本法第四十条的规定采取强制执行措施追缴其不缴或者少缴的税款外，可以处不缴或者少缴税款百分之五十以上五倍以下的罚款”。某国际股份有限公司在限期内已经缴清所欠税款，未逾期，所以不应被罚款。

【例6-19】 某国际股份有限公司某员工，年收入已达到12万元以上，但其一直未向税务机关申报，后被税务机关发现其年应缴纳个人所得税额为17100元，但其实际年缴纳个人所得税额为14220元，偷税额为2880元，税务机关对其处以偷税额0.5倍的罚款。

上述案例中，主管税务机关的做法是否合理？

解答：主管税务机关的做法是合理的。根据相关规定，“对纳税人偷税的，由税务机关追缴其不缴或者少缴的税款、滞纳金，并处不缴或者少缴的税款百分之五十以上五倍以下的罚款”，所以，税务机关对其处以偷税额0.5倍的罚款是合理的。

【例6-20】 某国际股份有限公司老总为了使企业少交所得税，授意出纳每月在给员工做工资表时，多报员工工资，平时买一些“真”发票入账，并要求出纳在原有基本银行存款账户之外，另外找一个银行再开一个账户，但不能在税务处登记。

分析上述案例中，企业老总的授意是否违法并做出具体说明。

解答：某国际股份有限公司老总的授意共有3处违法。

① 要求出纳多做员工工资，是虚假纳税申报行为，属于偷税。

② 要求出纳平时买发票入账也是假借不存在的费用或者成本达到偷税的目的。

③ 要求出纳另开银行存款账户但不在税务处登记，以隐藏其大量收入，同样也是偷税行为。

根据相关规定，以上3种偷税行为均违反《税收征管法》。针对此种情况，其主管税务机关一般在责令其补缴偷税额、滞纳金的同时，还对其进行一定的行政处罚；构成犯罪的，依法追究刑事责任。

6.2 了解五险一金

企业必须为本企业员工缴纳社会保险，以保障企业员工在生、老、病、死、伤、残、失业等情况下的利益，为其做出相应的经济补偿。而对于出纳来说，去社保机构办事，是让人比较头疼的。面对人满为患的办事大厅，出纳迷茫而不知所措，互相打听办事流程，排半天队又被告知资料不全，浪费半天时间，这样的事情比比皆是。所以，了解社保机构的办事程序尤为重要，不仅可以为自己节省时间和体力，同时也可以提高整个部门甚至整个企业的办事效率。

6.2.1 企业新参保业务流程

企业办理新参保业务时，应向社保中心提供以下资料：

① 企业营业执照副本。

② 基本存款账户信息。

以上两项资料均需原件及复印件各一份，原件用来审核，复印件由社保中心留存，其中复印件均为A4纸，并加盖企业公章。

除了以上资料，还需要在社保网站下载或者到社保中心领取《社会保险单位信息登记表》一式两份，加盖企业公章。

企业向社保中心提交上述所有材料后，等待审核结果。审核批准后，在社保网站办理后续手续即可。

目前，全国大部分社保机构已经开通了线上服务，登录各地相关社保服务网站就可以办理单位登记、增员、减员、变更等业务。

6.2.2 企业员工五险参保

为企业员工办理五险参保手续，用社保的专业术语说，即办理“增员”，将员工的个人信息增加到社保系统内。以下以北京市为例，介绍参保流程：

① 进入北京市社会保险网上服务平台，登录网站，找到【在职职工管理】相关版块点击→【（增减员）社会保险、就业、劳动用工备案统一登记】，进入申报首页，根据要办理的业务事项分别操作，如图6-4。

② 点击进入【零星新增】页面，点击【确定】进入到单位新增劳动合同信息页面，如图6-5。

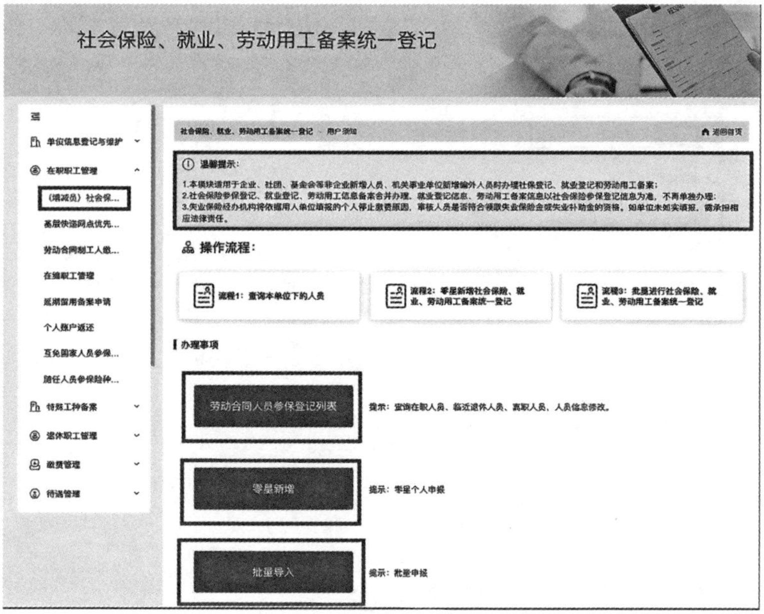

图 6-4　保险增员（1）

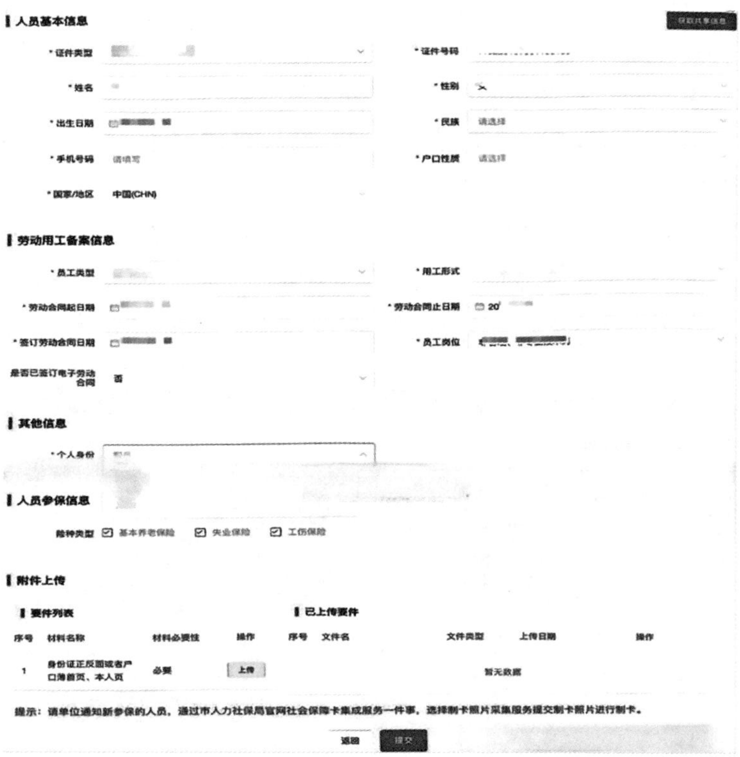

图 6-5　保险增员（2）

③ 点击【批量导入】，进入劳动合同批量申报页面，可进行批量增员。点击【模板下载】，可下载社会保险、就业、劳动用工备案统一登记模板。如图 6-6。

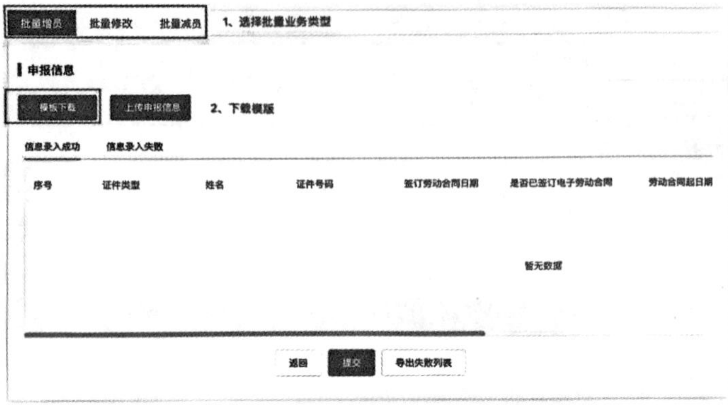

图 6-6　保险增员（3）

6.2.3　企业员工社会保险减少

根据《中华人民共和国社会保险法》的规定，用人单位应当自用工之日起三十日内为其职工向社会保险经办机构申请办理社会保险登记。但同时，同一个人只能缴纳一份社会保险。由于员工的离职，原企业必须先为离职员工办理社会保险减少手续，新企业才可以为员工再办理社会保险增加业务，继续为员工缴纳社会保险。办理社会保险人员减少，在社保专业术语中称为“减员”，其操作流程如下：

① 进入北京市社会保险网上服务平台，登录后点击【在职职工管理】→【(增减员）社会保险、就业、劳动用工备案统一登记】，选择【劳动合同人员参保登记列表】，输入社会保障号或按照人员分类查询要办理终止劳动关系的人员，如图 6-7。

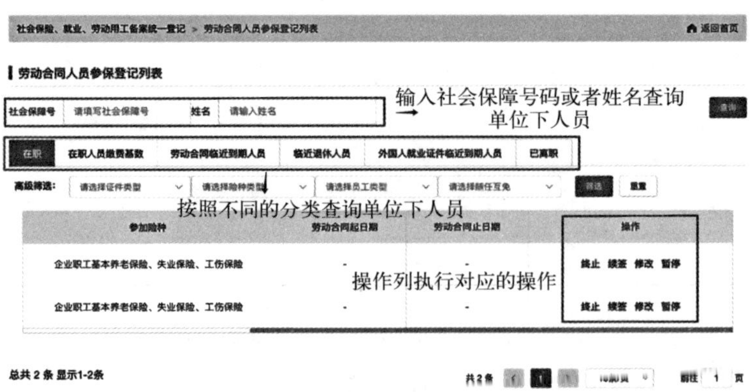

图 6-7　保险减员（1）

② 点击【终止】按钮，显示系统提示进入终止劳动合同页面，如图 6-8。

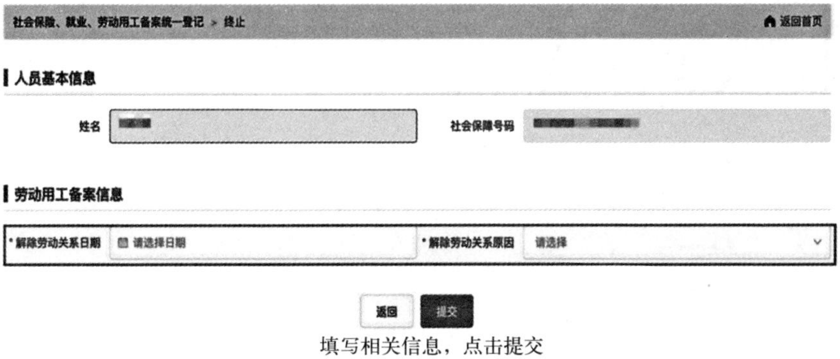

图 6-8　保险减员（2）

③ 点击【批量导入】，进入劳动合同批量申报页面，可进行批量减员。点击【模板下载】进行批量减员模板下载，如图 6-9。

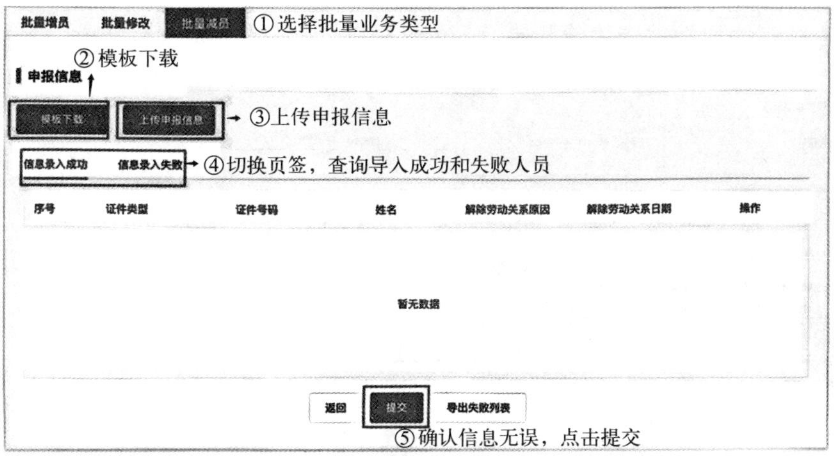

图 6-9　保险减员（3）

6.2.4　企业社会保险变更

企业在经营过程中，由于发展的需要可能会变更企业名称、企业开户银行账户或其他项目。在企业相关项目变更完成后，需要到社保机构也做相应的企业登记资料的变更。

① 进入北京市社会保险网上服务平台，登录后点击【单位信息登记与维护】→【单位信息变更】，进入申报页面，如图 6-10。

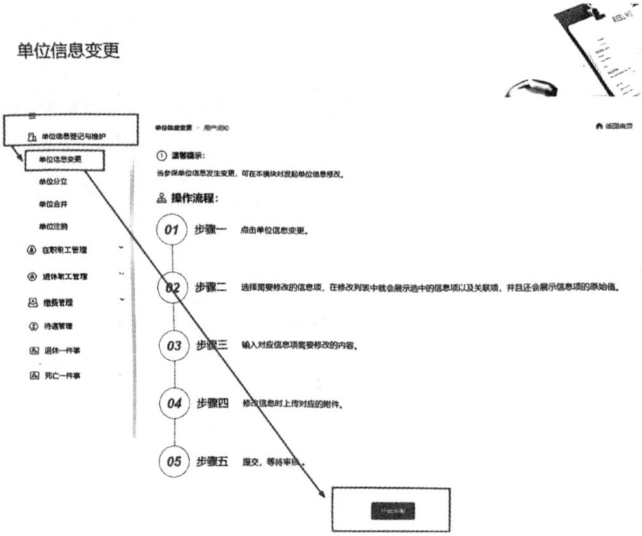

图 6-10　保险变更（1）

② 选择需变更的信息大项，勾选变更明细，录入要变更的信息。根据提示上传必要的附件，点击【提交】，如图 6-11。

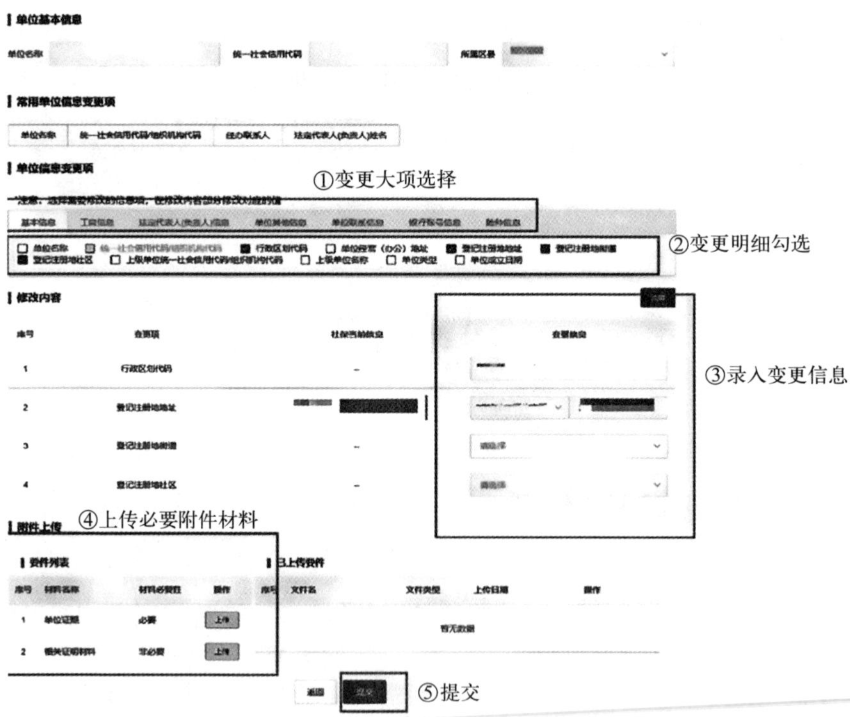

图 6-11　保险变更（2）

6.2.5 员工社会保险缴费基数核定

由于人们生活水平的不断提高，社会平均工资水平也水涨船高。社会保险以及医疗保险的缴费基数与社会平均工资水平成正比，所以，北京市每年7月都要对社保缴费基数进行核定，以保障员工的利益。

社会保险按照员工工资的一定比例缴纳，员工工资又随着企业发展逐步增加。所以，企业为员工缴纳社保的缴费工资基数也应随着员工工资的增加而增高。

按规定，缴费工资基数应为员工实际工资总额，包括基本工资、津贴、奖金、加班加点工资、各种补贴等相加之和。若为新参加工作的员工，则其缴费基数为参加工作第一个月的工资额；其他员工社会保险缴费工资基数应该是上一年度的月平均工资。例如，北京参保的企业职工（2025年标准），基本养老保险、失业保险、工伤保险、职工基本医疗保险（含生育）的月缴费基数上限为35811元，下限为7162元。月收入低于7162元的，按7162元计算；高于35811元的，按35811元计算；月收入在7162元至35811元之间的，缴费基数按本人上一年度实际月平均工资计算。

【例6-21】 某国际股份有限公司出纳在核算员工工资时，对于职工生活困难补助、防暑降温费、住房公积金、补充医疗保险这几项不知该如何处理。

解答：根据相关规章制度，以上几项均不应计入工资总额，在计算缴费基数时应予剔除。

【例6-22】 北京市某国际股份有限公司员工张仁上年度月平均工资为7600元，赵乐上年度月平均工资为4500元，王兰上年度月平均工资为38000元，企业在为三人缴纳五险时，缴费工资基数分别为多少？

解答：张仁上年度月平均工资为7600元，则最后核定的基本养老保险、失业保险、工伤保险、职工基本医疗保险（含生育）的缴费基数为7600元。

赵乐上年度月平均工资为4500元，则最后核定的基本养老保险、失业保险、工伤保险、职工基本医疗保险（含生育）的缴费基数为7162元。

王兰上年度月平均工资为38000元，则最后核定的基本养老保险、失业保险、工伤保险、职工基本医疗保险（含生育）的缴费基数为35811元。

6.2.6 企业社会保险注销登记

企业因经营不善或其他原因需要解散、注销时，应一并注销企业社会保险关系。各类用人单位申请注销手续时，若与对应部门已实现数据共享（例如在市场监管部门登记注册的企业，已实现企业注销信息共享），当不存在社会保险费欠缴记录、退休人员已完成社会化管理，在原批准成立单位完成注销手续后，通过接收原批准成立单位推送的信息，即时完成用人单位社保信息注销，无须用人单位提交材料进行业务办理。无法通过数据共享获取单位注销信息的，或存在社会保险费欠缴记录的单位完成应缴义务后，依申请办理单位注销。

6.2.7 住房公积金开户流程

住房公积金是单位及其在职职工缴存的住房储蓄，通常说的“五险一金”中的“一金”指的就是住房公积金。住房公积金为企业员工提供了一部分住房保障，在一定程度上提高了员工的生活质量。单位和个人缴存的住房公积金存入职工个人账户，归职工个人所有。公积金个人账户上的存款按银行复利计算利息，存款可用于住房公积金贷款，其利息低于商业贷款；员工在职时可提取，退休时本息结清返还员工本人，是对企业员工的另外一种形式的福利保障。

（1）单位住房公积金账户开户登记

和社保一样，企业为员工缴纳住房公积金时，首先要在住房公积金管理部开通企业账户，即单位登记。仍以北京市为例：

登录北京市企业服务 e 窗通平台办理企业开办时，信息填报至“企业基本信息—企业补充信息”页面，在【五险一金信息（多证合一）】处可添加企业的新员工信息。根据本企业员工的实际情况填写员工信息，添加员工完成后，可继续添加参保信息，参保信息填写完成后，员工“五险一金”信息填报完成。

（2）单位汇缴住房公积金

汇缴住房公积金指企业在住房公积金管理部开通账户之后，需要为员工办理缴纳住房公积金的业务。

单位为员工缴存住房公积金的方式共有四种，分别为委托银行收款、转账支票、银行汇款、现金缴款。以下以北京市为例，分别介绍这四种方式。

① 委托银行收款方式：企业在银行开办及开立账户时，e 窗通平台同步将企业银行账户信息推送至公积金中心，自动完成企业住房公积金托收登记。

② 转账支票方式：单位经办人可携带转账支票到任意管理部或受托银行代办点现场办理。

③ 银行汇款方式：单位在汇缴操作页面点击右侧的【缴款】按钮，在

“缴款清册”栏目中选中需缴款的清册，然后点击【下一步】；在“确认缴款信息”栏目下的“缴款方式”中选择【银行汇款】，“中心开户银行”中任意选择北京住房公积金管理中心的收款银行名称。选择完毕后，“中心账户名称”和“中心收款账户”自动显示数据且不能修改。然后点击页面下方的【提交】按钮，系统显示“业务办理完成”；点击下方的【打印缴款通知单】。单位在 3 个工作日内通过本单位开户行网银或柜台向《银行汇款缴款通知单》中显示的银行账号办理汇款，完成缴款。

④ 现金缴款方式：单位在汇缴操作页面中点击页面右侧的【缴款】按钮，在“缴款清册”栏目中选中需缴款的清册，然后点击【下一步】；在“确认缴款信息”栏目下的“缴款方式”中选择【现金缴款】，“中心开户银行”中任意选择北京住房公积金管理中心的收款银行名称。选择完毕后，“中心账户名称”和“中心收款账户”自动显示数据且不能修改。然后点击页面下方的【提交】按钮，系统显示“业务办理完成”；点击下方的【打印缴款通知单】。单位携带现金和《现金缴款通知单》在 3 个工作日内到所选的收款银行任意网点办理现金缴款。

（3）个人住房公积金账户的转移

员工更换工作单位，住房公积金也会随之转移，以保证其权益的连续性，住房公积金的转移程序如下：

① 职工在新调入单位的归集部门开立公积金账户，并提供开户证明。

② 由调出单位根据职工住房公积金分户的账面余额，送交归集部门办理转移手续。

③ 在新调入单位做增加时，需要提供调入员工的身份证号码，并填制相关表格。

（4）住房公积金年度跨年清册核定

跨年清册核定是指在新的住房公积金年度（即本自然年度 7 月 1 日至次年 6 月 30 日），缴存单位按照上一年度职工月平均工资，重新调整职工的缴存基数及缴存比例，并在规定时限向公积金管理中心进行申报，其流程如下：

① 登录住房公积金单位网上业务平台后，点击首页【常用功能 - 年度缴存基数申报】或页面左侧【公积金 - 年度缴存基数申报】，进入跨年清册核定操作页面。点击【选择 ××××（年）—××××（年）缴存比例】，单位可在 5% ～ 12% 范围内自主选择缴存比例。

② 在跨年清册编辑页面中，点击【调取社保缴费工资】，认真阅读相关提示语后点击【授权】，系统自动调取税务部门申报的社保缴费工资作为住房公

积金缴存基数，且不可更改。当公积金人员信息与税务数据人员信息完全一致，或税务数据人员信息多于公积金人员信息的，以公积金人员信息为基准，并完全匹配“上年月均工资”；当公积金人员信息多于税务数据人员信息时，未查询到相应税务数据的人员“上年月均工资”展示为“原上年月均工资”，并展示在列表最上方，可修改；当公积金人员信息与税务数据人员信息完全不一致的，无法使用社保缴费工资核定住房公积金缴存基数，应手工录入相关信息。

③ 逐笔调整“上年月均工资”：点击【确定】，调整后的信息更新到跨年清册编辑列表中，点击【保存】，职工新的住房公积金年度缴存基数调整完成；按此流程继续操作，直至所有职工信息调整完成。跨年清册编辑完成确认无误后，点击【核定跨年清册】，完成本年度跨年清册核定工作。

④ 批量调整“上年月均工资”：如单位职工人数较多，不方便逐条录入信息，可使用批量导入功能。点击页面右侧【导出】，系统自动导出本单位所有职工信息列表模板（Excel 格式），根据模板对需要调整年度缴存基数的职工，重新填写职工上年月均工资，保存 Excel 表格；点击【导入跨年清册】导入已保存的 Excel 表格，点击【提交】后，编辑完成的职工信息导入到跨年清册编辑列表中，自动展示缴存基数、单位缴存额、个人缴存额、合计缴存额，如涉及上下限的将自动进行调整。确认无误后，点击【核定跨年清册】，完成本年度跨年清册的核定工作。

第7章 出纳要懂的其他知识

出纳在日常工作中，除具备前面所讲的专业技能外，还必须懂得一些其他知识，如每月月底发放工资的程序以及应注意的问题，在工作中应掌握的一些办公软件的使用技巧，以及为了日后的职业发展规划，必须了解的一些会计财务报表。相关知识掌握得越多，工作做起来才会越得心应手。

7.1 工资的核算

出纳有一项重要的工作，就是货币资金的收付。对于很多没有在开户银行办理委托代发员工工资的企业来说，发放工资这项任务就主要由出纳来完成。出纳在发放工资前先要核算工资，之后制作工资表，根据工资表中要发放的工资总额取现，最后发放工资。在此过程中，稍不注意就会出现算错工资、点错钞票、发错工资的情况，很可能给自己、给员工、给企业带来一些不必要的纠纷。所以，出纳在发放工资时务必细心、认真、谨慎。

7.1.1 核算工资

影响员工工资的因素有很多，主要有地域差异、企业性质区别、行业区别、岗位区别、资历以及个人能力等因素。由于以上种种因素的影响，员工的工资组成部分便不尽相同。出纳核算工资时，主要是针对各个员工的每个工资组成部分进行计算和核对，得出实发工资数。

以某国际股份有限公司为例，其工资结构如图 7-1 所示。

序号	姓名	基本工资	交通补贴	餐补	话费补贴	加班工资	绩效奖金	全勤奖金	工资总额	五险应扣额	住房公积金应扣额	个人所得税	实发工资	签名

图 7-1　工资结构图

其中：

实发工资 = 工资总额 - 五险应扣额 - 住房公积金应扣额 - 个人所得税

工资总额 = 基本工资 + 各种补贴 + 加班工资 + 奖金

个人所得税 =（工资总额 - 五险一金应扣额 - 允许扣除费用 5000 元 - 专项附加扣除）× 适用税率 - 速算扣除数

注意：如果有津贴，工资总额中还应有津贴；五险应扣额和住房公积金应扣额为企业代为缴纳的个人应缴款部分。

出纳应该按照相关单据，如员工考勤记录表、银行代扣五险一金凭单、话费发票等认真核算员工工资，对于工资中的任何一个组成部分，均要确保准确无误。

7.1.2 编制工资表

出纳根据核算出的相关数据，做出汇总，并据此编制工资表。工资表一般一式三份，一份作为结算凭证即记账联，在月底时交给会计入账；一份企业自留存根，以备税务部门检查；一份针对每个员工裁成工资条，和工资一并发给员工。

【例 7-1】 某国际股份有限公司出纳根据员工的相关考勤记录、银行代扣代缴的相关凭单以及员工提供的话费发票于 20×× 年 3 月 31 日编制员工工资表（不同地区、不同公司采用的某些基数不同，此处仅以某国际股份有限公司自己的情况为准），如表 7-1 所示。

表 7-1　员工工资表

工资表

单位：某国际股份有限公司　　2026-3-31

序号	姓名	基本工资	交通补贴	餐补	话费补贴	加班工资	绩效奖金	请假扣除工资额	全勤奖金	工资总额	五险应扣额	住房公积金应扣额	个人所得税	实发工资
1	张三	3500.00	300.00	160.00	100.00	0.00	500.00	0.00	0.00	4560.00	276.50	276.00	0.00	4007.56
2	王小小	2000.00	200.00	220.00	50.00	0.00	0.00	0.00	200.00	2670.00	215.50	240.00	0.00	2214.50
3	魏征	6000.00	400.00	100.00	200.00	600.00	500.00	0.00	0.00	7800.00	452.50	600.00	52.43	6695.07
4	李明	8000.00	400.00	120.00	200.00	400.00	500.00	0.00	0.00	9620.00	637.50	720.00	97.88	8164.62
5	李四	2000.00	100.00	150.00	50.00	300.00	0.00	0.00	0.00	2600.00	215.50	240.00	0.00	2144.50

7.1.3　取现

出纳将工资表编制完成以后，根据表中实发工资的合计金额，按规定填制好现金支票。但出于安全考虑，现金支票的密码尽量在到达银行后取现时再行填写。这样，在取现之前，即使现金支票丢失，因支票上尚未填写密码，持有此张支票的人也不能使用。

同样，为了安全起见，支票和其对应的密码应尽量由不同的人保管，如出纳保管空白支票，财务主管保管支票密码，避免因支票及其密码同时丢失而被他人所利用。

提示： 当提取大额现金时，应至少有一人陪同，保证款项的安全。

7.1.4　发放工资

现金提取完成后，出纳应按照工资表中的实发工资数额，依次发放工资。员工在拿到工资之后应当面点清钞票金额，并与工资表中的实发工资数额进行核对，避免因工资发放错误而出现纠纷；员工领取工资后应亲自签名，证明工资已支付。

7.1.5 发放工资的相关会计分录

发放工资时，每个环节都应有会计分录，确保企业现金日记账、银行存款日记账的正确性以及记账凭证中借贷各方的平衡。

【例 7-2】 某国际股份有限公司 20×× 年 3 月底发放工资，行政管理人员工资共计 113000 元，车间管理人员工资共计 42600 元，车间生产工人工资共计 43000 元，扣除企业代员工缴纳的社保共计 17975 元，扣除企业代员工缴纳的住房公积金共计 20760 元，扣除员工个人所得税共计 16590 元，企业为员工缴纳社保 53925 元（其中行政管理人员社保 30682 元，车间管理人员社保 11567 元，车间生产工人社保 11676 元），企业为员工缴纳住房公积金 20760 元（其中行政管理人员住房公积金 11812 元，车间管理人员住房公积金 4453 元，车间生产工人住房公积金 4495 元）。根据以上数据，编制相关会计分录。

计提工资时，编制会计分录如下：

借：管理费用　　113000
　　制造费用　　42600
　　生产成本　　43000
　贷：应付职工薪酬　　198600

发放员工工资时，编制会计分录如下：

借：应付职工薪酬　　198600
　贷：应交税费——应交个人所得税　　16590
　　　其他应付款——社保费用（注：个人）　　17975
　　　其他应付款——个人住房公积金（注：个人）　　20760
　　　库存现金　　143275

缴纳社会保险时，编制会计分录如下：

借：管理费用——社保费用　　30682
　　制造费用——社保费用　　11567
　　生产成本——社保费用　　11676
　　其他应付款——社保费用　　17975
　贷：银行存款　　71900

缴纳住房公积金时，编制会计分录如下：

借：管理费用——住房公积金　　11812
　　制造费用——住房公积金　　4453

生产成本——住房公积金　　　　　　4495

其他应付款——住房公积金　　　　　20760

贷：银行存款　　　　　　　　　　　　41520

缴纳个人所得税时，编制会计分录如下：

借：应交税费——应交个人所得税　　　　16590

贷：银行存款　　　　　　　　　　　　16590

7.2　出纳人员应具备的办公自动化技巧

出纳在工作中经常会遇到很多需要核算的表格，如年终所得税的核算、年初汇算清缴时的核算、月底工资表的核算、平时财税报表的核算等。这些大部分是表格内数据之间的计算，而 Excel 作为一种常用的数据处理的软件，其中包含很多函数公式，使用这些函数公式进行表格内数据之间的处理，会给出纳的工作带来极大的方便，减少了计算器操作的不便，更降低了出错率。

7.2.1　工资表的建立

下面就以某国际股份有限公司 20×× 年 3 月 31 日的部分员工工资表为例，具体说明一下出纳在 Excel 表格中经常用到的工具。

① 在电脑桌面上单击右键，在弹出的快捷菜单中选择“新建”——“Microsoft Excel 工作表”命令，即可建立一个新的 Excel 表格，双击其图标，进入 Excel 窗口，如图 7-2 所示。

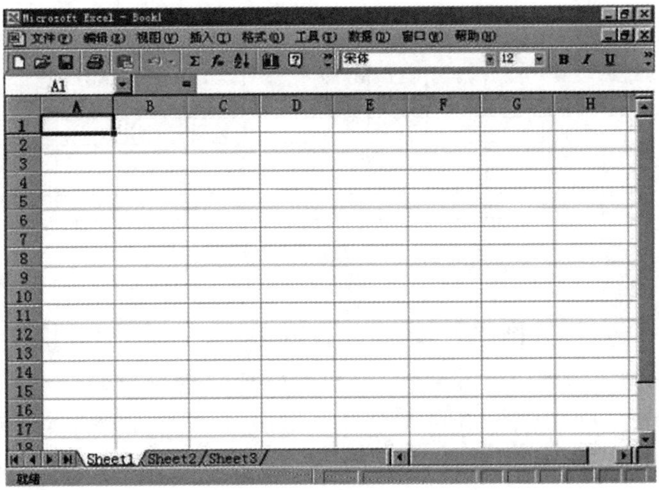

图 7-2　Excel 窗口

提示：在图 7-2 中，工具栏下方标记的 A、B、C、D 等字母分别用于标明表格中的各列，表格左边缘的数字则标明各行，“列标”与“行号”用于确定一个单元格的位置，如 A1 表示 A 列中的第一行单元格，C3 表示 C 列中的第三行单元格。

② 使用键盘上的左、右、上、下方向键可以将光标移至各单元格上，选定了当前单元格，就可以在单元格中输入文字信息。单击 A1 单元格，在 A1 单元格中输入“序号”；按右方向键，在 B1 单元格中输入“姓名”；重复前面的操作，依次在右边各列输入“基本工资”“交通补贴”“餐补”等，如图 7-3 所示。

	A	B	C	D	E	F	G	H	I	J	K	L	M	N	O
1	序号	姓名	基本工资	交通补贴	餐补	话费补贴	加班工资	绩效奖金	请假扣除工资额	全勤奖金	工资总额	五险应扣额	住房公积金应扣额	个人所得税	实发工资

图 7-3　工资组成部分的输入

提示：输入过程中，可能会出现字符太长，被右边单元格直接覆盖的情况，假设 G 列列宽较窄，“加班工资”的后两个字可能被 H 列覆盖，可将光标移至列标“G”的右边框处，光标即变为十字光标，此时可按住鼠标左键拖动十字光标，选择合适的列宽。

③ 在 A2 单元格中输入数字“1”，A3 单元格中输入数字“2”，单击 A2 单元格，不放鼠标，拖动至 A3 单元格，此时可见 A3 单元格的右下角有一个十字光标，拖动十字光标至 A6 单元格，则“序号”列显示如图 7-4 所示。

	A	B	C	D	E	F	G	H	I	J	K	L	M	N	O
1	序号	姓名	基本工资	交通补贴	餐补	话费补贴	加班工资	绩效奖金	请假扣除工资额	全勤奖金	工资总额	五险应扣额	住房公积金应扣额	个人所得税	实发工资
2	1														
3	2														
4	3														
5	4														
6	5														

图 7-4　工资表中的“序号”列

④ 单击 C 列不放拖动至 O 列，右键单击，在弹出的快捷菜单中选择“设置单元格格式”命令，弹出“单元格格式”对话框。在“数字”选项卡下，在“分类”列表框中选择“货币”选项。在右侧的面板中，设置“小数位数”为“2”，“货币符号”为“无”，如图 7-5 所示，然后单击“确定”按钮。

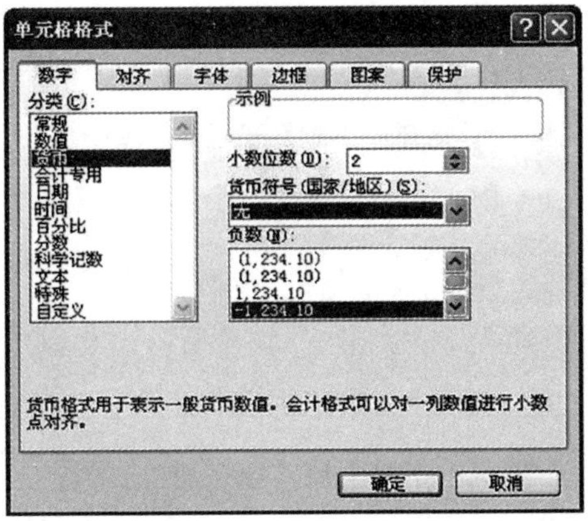

图 7-5　设置单元格格式

⑤ 在 B 列至 J 列，依次依据员工的相关信息以及相关凭单反映出的数据填入各项信息，如图 7-6 所示。

	A	B	C	D	E	F	G	H	I	J	K	L	M	N	O
1	序号	姓名	基本工资	交通补贴	餐补	话费补贴	加班工资	绩效奖金	请假扣除工资额	全勤奖金	工资总额	五险应扣额	住房公积金应扣额	个人所得税	实发工资
2	1	张三	3500.00	300.00	160.00	100.00	0.00	500.00	0.00	0.00					
3	2	王小小	2000.00	200.00	220.00	50.00	0.00	0.00	0.00	200.00					
4	3	魏征	6000.00	400.00	100.00	200.00	600.00	500.00	0.00	0.00					
5	4	李明	8000.00	400.00	120.00	200.00	400.00	500.00	0.00	0.00					
6	5	李四	2000.00	100.00	150.00	50.00	300.00	0.00	0.00	0.00					

图 7-6　填写员工信息

⑥ 单击 C2 单元格不放，将鼠标拖动至 K2 单元格，单击工具栏中的自动求和函数符号“∑”，则表格自动算出该员工工资总额并显示在 K2 单元格中。还有一种比较笨的办法就是单击 K2 单元格，输入“=C2+D2+E2+F2+G2+H2+I2+J2”，按 Enter 键，则 K2 单元格自动计算并显示该员工的工资总额。同时，还有另外一种求和方法，即单击 K2 单元格，在其中输入“=SUM（C2：J2）”，按 Enter 键，结果同样自动显示在 K2 单元格中，如图 7-7 所示。

K2　　fx　=SUM(C2:J2)

	A	B	C	D	E	F	G	H	I	J	K	L	M	N	O
1	序号	姓名	基本工资	交通补贴	餐补	话费补贴	加班工资	绩效奖金	请假扣除工资额	全勤奖金	工资总额	五险应扣额	住房公积金应扣额	个人所得税	实发工资
2	1	张三	3500.00	300.00	160.00	100.00	0.00	500.00	0.00	0.00	4560.00				
3	2	王小小	2000.00	200.00	220.00	50.00	0.00	0.00	0.00	200.00					
4	3	魏征	6000.00	400.00	100.00	200.00	600.00	500.00	0.00	0.00					
5	4	李明	8000.00	400.00	120.00	200.00	400.00	500.00	0.00	0.00					
6	5	李四	2000.00	100.00	150.00	50.00	300.00	0.00	0.00	0.00					

图 7-7　计算工资总额

⑦ 单击 K2 单元格，将光标放在此单元格右下角，会有十字光标出现，按下十字光标不放拖动至 K6 单元格，则将 K2 单元格所用的公式直接复制到了 K3 至 K6 单元格中，以上员工的工资均被自动计算出来，并显示在 K 列，如图 7-8 所示。

K2 | =SUM(C2:J2)

	A	B	C	D	E	F	G	H	I	J	K	L	M	N	O
1	序号	姓名	基本工资	交通补贴	餐补	话费补贴	加班工资	绩效奖金	请假扣除工资额	全勤奖金	工资总额	五险应扣额	住房公积金应扣额	个人所得税	实发工资
2	1	张三	3500.00	300.00	160.00	100.00	0.00	500.00	0.00	0.00	4560.00				
3	2	王小小	2000.00	200.00	220.00	50.00	0.00	0.00	0.00	200.00	2670.00				
4	3	魏征	6000.00	400.00	100.00	200.00	600.00	500.00	0.00	0.00	7800.00				
5	4	李明	8000.00	400.00	120.00	200.00	400.00	500.00	0.00	0.00	9620.00				
6	5	李四	2000.00	100.00	150.00	50.00	300.00	0.00	0.00	0.00	2600.00				

图 7-8　计算所有员工工资总额

⑧ 在 L 列、M 列、N 列分别填写员工应扣的社保、住房公积金以及个人所得税数额，如图 7-9 所示。

	A	B	C	D	E	F	G	H	I	J	K	L	M	N	O
1	序号	姓名	基本工资	交通补贴	餐补	话费补贴	加班工资	绩效奖金	请假扣除工资额	全勤奖金	工资总额	五险应扣额	住房公积金应扣额	个人所得税	实发工资
2	1	张三	3500.00	300.00	160.00	100.00	0.00	500.00	0.00	0.00	4560.00	276.50	276.00	0.00	
3	2	王小小	2000.00	200.00	220.00	50.00	0.00	0.00	0.00	200.00	2670.00	215.50	240.00	0.00	
4	3	魏征	6000.00	400.00	100.00	200.00	600.00	500.00	0.00	0.00	7800.00	452.50	600.00	52.43	
5	4	李明	8000.00	400.00	120.00	200.00	400.00	500.00	0.00	0.00	9620.00	637.50	720.00	97.88	
6	5	李四	2000.00	100.00	150.00	50.00	300.00	0.00	0.00	0.00	2600.00	215.50	240.00	0.00	

图 7-9　填写员工应扣项目

⑨ 在 O2 单元格内输入“=K2-L2-M2-N2”，按回车键，则实发工资数额被计算出来并显示在 O2 单元格内，如图 7-10 所示。

O2 | =K2-L2-M2-N2

	A	B	C	D	E	F	G	H	I	J	K	L	M	N	O
1	序号	姓名	基本工资	交通补贴	餐补	话费补贴	加班工资	绩效奖金	请假扣除工资额	全勤奖金	工资总额	五险应扣额	住房公积金应扣额	个人所得税	实发工资
2	1	张三	3500.00	300.00	160.00	100.00	0.00	500.00	0.00	0.00	4560.00	276.50	276.00	0.00	4007.50
3	2	王小小	2000.00	200.00	220.00	50.00	0.00	0.00	0.00	200.00	2670.00	215.50	240.00	0.00	
4	3	魏征	6000.00	400.00	100.00	200.00	600.00	500.00	0.00	0.00	7800.00	452.50	600.00	52.43	
5	4	李明	8000.00	400.00	120.00	200.00	400.00	500.00	0.00	0.00	9620.00	637.50	720.00	97.88	
6	5	李四	2000.00	100.00	150.00	50.00	300.00	0.00	0.00	0.00	2600.00	215.50	240.00	0.00	

图 7-10　计算实发工资数额

⑩ 与计算其他员工工资总额的方法相同，单击 O2 单元格，将光标放在此单元格右下角，会有十字光标出现，按下十字光标不放拖动至 O6 单元格，则将 O2 单元格所用的公式直接复制到了 O3 至 O6 单元格中，以上员工的实发工资数额均被自动计算出来，并显示在 O 列，如图 7-11 所示。

O2 　 fx =K2-L2-M2-N2

	A	B	C	D	E	F	G	H	I	J	K	L	M	N	O
1	序号	姓名	基本工资	交通补贴	餐补	话费补贴	加班工资	绩效奖金	请假扣除工资额	全勤奖金	工资总额	五险应扣额	住房公积金应扣额	个人所得税	实发工资
2	1	张三	3500.00	300.00	160.00	100.00	0.00	500.00	0.00	0.00	4560.00	276.50	276.00	0.00	4007.50
3	2	王小小	2000.00	200.00	220.00	50.00	0.00	0.00	0.00	200.00	2670.00	215.50	240.00	0.00	2214.50
4	3	魏征	6000.00	400.00	100.00	200.00	600.00	500.00	0.00	0.00	7800.00	452.50	600.00	52.43	6695.07
5	4	李明	8000.00	400.00	120.00	200.00	400.00	500.00	0.00	0.00	9620.00	637.50	720.00	97.88	8164.62
6	5	李四	2000.00	100.00	150.00	50.00	300.00	0.00	0.00	0.00	2600.00	215.50	240.00	0.00	2144.50

图 7-11　计算所有员工的实发工资数额

⑪ 单击 A1 单元格不放，将鼠标拖动至 O6 单元格，则所有员工的相关信息均被选中，右键单击，在弹出的快捷菜单中选择“设置单元格格式”命令，弹出“单元格格式”对话框。单击“对齐”标签，打开“对齐”选项卡，设置“水平对齐”和“垂直对齐”均为“居中”，如图 7-12 所示。单击“边框”标签，打开“边框”选项卡，依次单击“外边框”和“内部”按钮，如图 7-13 所示，然后单击“确定”按钮，表格排版如图 7-14 所示。

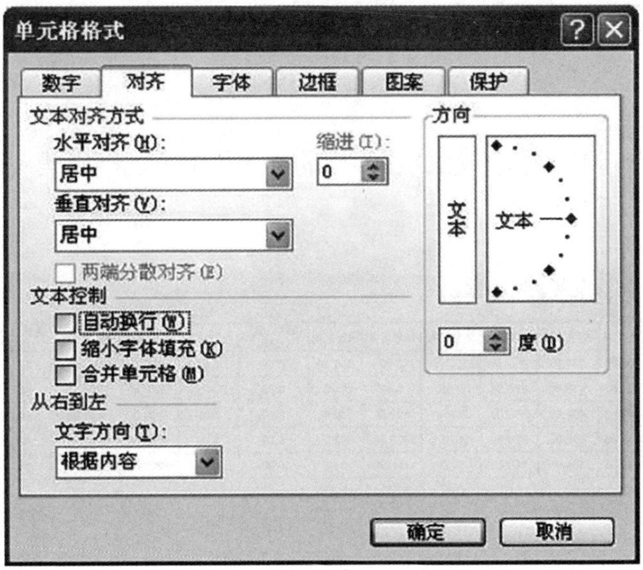

图 7-12　设置对齐方式

第7章 出纳要懂的其他知识

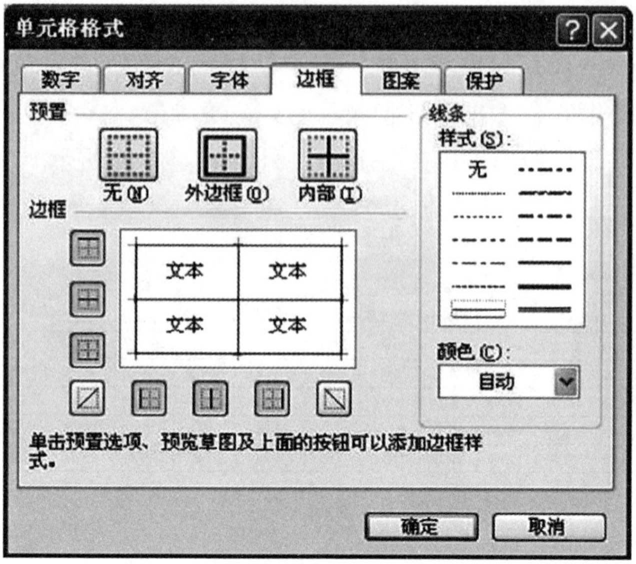

图 7-13　设置边框

A1　fx　序号

	A	B	C	D	E	F	G	H	I	J	K	L	M	N	O
1	序号	姓名	基本工资	交通补贴	餐补	话费补贴	加班工资	绩效奖金	请假扣除工资额	全勤奖金	工资总额	五险应扣额	住房公积金应扣额	个人所得税	实发工资
2	1	张三	3500.00	300.00	160.00	100.00	0.00	500.00	0.00	0.00	4560.00	276.50	276.00	0.00	4007.50
3	2	王小小	2000.00	200.00	220.00	50.00	0.00	0.00	0.00	200.00	2670.00	215.50	240.00	0.00	2214.50
4	3	魏征	6000.00	400.00	100.00	200.00	600.00	500.00	0.00	0.00	7800.00	452.50	600.00	52.43	6695.07
5	4	李明	8000.00	400.00	120.00	200.00	400.00	500.00	0.00	0.00	9620.00	637.50	720.00	97.88	8164.62
6	5	李四	2000.00	100.00	150.00	50.00	300.00	0.00	0.00	0.00	2600.00	215.50	240.00	0.00	2144.50

图 7-14　表格排版

⑫ 单击行标 1，右键单击，在弹出的快捷菜单中选择“插入”命令，显示结果如图 7-15 所示。

	A	B	C	D	E	F	G	H	I	J	K	L	M	N	O
1															
2	序号	姓名	基本工资	交通补贴	餐补	话费补贴	加班工资	绩效奖金	请假扣除工资额	全勤奖金	工资总额	五险应扣额	住房公积金应扣额	个人所得税	实发工资
3	1	张三	3500.00	300.00	160.00	100.00	0.00	500.00	0.00	0.00	4560.00	276.50	276.00	0.00	4007.50
4	2	王小小	2000.00	200.00	220.00	50.00	0.00	0.00	0.00	200.00	2670.00	215.50	240.00	0.00	2214.50
5	3	魏征	6000.00	400.00	100.00	200.00	600.00	500.00	0.00	0.00	7800.00	452.50	600.00	52.43	6695.07
6	4	李明	8000.00	400.00	120.00	200.00	400.00	500.00	0.00	0.00	9620.00	637.50	720.00	97.88	8164.62
7	5	李四	2000.00	100.00	150.00	50.00	300.00	0.00	0.00	0.00	2600.00	215.50	240.00	0.00	2144.50

图 7-15　插入行设置

⑬ 单击行标 1，右键单击，选择“行高”，设置“行高”为“20”，单

击“确定”按钮；或者拖动行标 1 下方边框处的十字光标，将行高调到合适高度。在 A1 单元格中输入“20×× 年 3 月 31 日”，选中 A1 单元格不放，将鼠标拖动至 O1 单元格，单击右键，在弹出的快捷菜单中选择“设置单元格格式”命令，弹出“单元格格式”对话框。单击“对齐”标签，打开“对齐”选项卡，如图 7-12 所示，勾选“合并单元格”复选框，单击“确定”按钮。此时，字符“20×× 年 3 月 31 日”移至表格右上角，如图 7-16 所示。

	A	B	C	D	E	F	G	H	I	J	K	L	M	N	O
1															20××年3月31日
2	序号	姓名	基本工资	交通补贴	餐补	话费补贴	加班工资	绩效奖金	请假扣除工资额	全勤奖金	工资总额	五险应扣额	住房公积金应扣额	个人所得税	实发工资
3	1	张三	3500.00	300.00	160.00	100.00	0.00	500.00	0.00	0.00	4560.00	276.50	276.00	0.00	4007.50
4	2	王小小	2000.00	200.00	220.00	50.00	0.00	0.00	0.00	200.00	2670.00	215.50	240.00	0.00	2214.50
5	3	魏征	6000.00	400.00	100.00	200.00	600.00	500.00	0.00	0.00	7800.00	452.50	600.00	52.43	6695.07
6	4	李明	8000.00	400.00	120.00	200.00	400.00	500.00	0.00	0.00	9620.00	637.50	720.00	97.88	8164.62
7	5	李四	2000.00	100.00	150.00	50.00	300.00	0.00	0.00	0.00	2600.00	215.50	240.00	0.00	2144.50

图 7-16 输入发放工资日期

⑭ 单击“20×× 年 3 月 31 日”所在单元格，选择表格工具栏中的居中图标；或者单击“20×× 年 3 月 31 日”所在单元格，单击右键，在弹出的快捷菜单中选择“设置单元格格式”命令，弹出“单元格格式”对话框，在“对齐”选项卡中，设置“水平对齐”和“垂直对齐”均为“居中”。单击“确定”按钮，则字符“20×× 年 3 月 31 日”显示为居中，如图 7-17 所示。

	A	B	C	D	E	F	G	H	I	J	K	L	M	N	O
1								20××年3月31日							
2	序号	姓名	基本工资	交通补贴	餐补	话费补贴	加班工资	绩效奖金	请假扣除工资额	全勤奖金	工资总额	五险应扣额	住房公积金应扣额	个人所得税	实发工资
3	1	张三	3500.00	300.00	160.00	100.00	0.00	500.00	0.00	0.00	4560.00	276.50	276.00	0.00	4007.50
4	2	王小小	2000.00	200.00	220.00	50.00	0.00	0.00	0.00	200.00	2670.00	215.50	240.00	0.00	2214.50
5	3	魏征	6000.00	400.00	100.00	200.00	600.00	500.00	0.00	0.00	7800.00	452.50	600.00	52.43	6695.07
6	4	李明	8000.00	400.00	120.00	200.00	400.00	500.00	0.00	0.00	9620.00	637.50	720.00	97.88	8164.62
7	5	李四	2000.00	100.00	150.00	50.00	300.00	0.00	0.00	0.00	2600.00	215.50	240.00	0.00	2144.50

图 7-17 设置发放工资日期为居中显示

⑮ 单击行标 1，右键单击，在弹出的快捷菜单中选择“插入”命令，插入一个空行。单击行标 1，右键单击，在弹出的快捷菜单中选择“行高”命令，弹出“行高”对话框，设置“行高”为“30”，单击“确定”按钮，如图 7-18 所示。

图 7-18　设置行高

⑯ 在 A1 单元格输入“工资表”，选中 A1 单元格不放，将鼠标拖动至 O1 单元格，单击右键，在弹出的快捷菜单中选择“设置单元格格式”命令，弹出“单元格格式”对话框。在“对齐”选项卡中，勾选“合并单元格”复选框，单击“确定”按钮。

⑰ 单击“工资表”所在单元格，选择表格工具栏中的居中图标；或者单击“工资表”所在单元格，单击右键，在弹出的快捷菜单中选择“设置单元格格式”命令，弹出“单元格格式”对话框，在“对齐”选项卡中，设置“水平对齐”和“垂直对齐”均为“居中”。单击“确定”按钮，则字符“工资表”显示为居中，如图 7-19 所示。

工资表

20××年3月31日

序号	姓名	基本工资	交通补贴	餐补	话费补贴	加班工资	绩效奖金	请假扣除工资额	全勤奖金	工资总额	五险应扣额	住房公积金应扣额	个人所得税	实发工资
1	张三	3500.00	300.00	160.00	100.00	0.00	500.00	0.00	0.00	4560.00	276.50	276.00	0.00	4007.50
2	王小小	2000.00	200.00	220.00	50.00	0.00	0.00	0.00	200.00	2670.00	215.50	240.00	0.00	2214.50
3	魏征	6000.00	400.00	100.00	200.00	600.00	500.00	0.00	0.00	7800.00	452.50	600.00	52.43	6695.07
4	李明	8000.00	400.00	120.00	200.00	400.00	500.00	0.00	0.00	9620.00	637.50	720.00	97.88	8164.62
5	李四	2000.00	100.00	150.00	50.00	300.00	0.00	0.00	0.00	2600.00	215.50	240.00	0.00	2144.50

图 7-19　输入并设置“工资表”为居中显示

⑱ 单击“工资表”所在单元格，单击右键，在弹出的快捷菜单中选择“设置单元格格式”命令，弹出“单元格格式”对话框。单击“字体”标签，打开“字体”选项卡，设置“字号”为“20”。单击“确定”按钮，则工资表最后显示如图 7-20 所示。

至此，整个工资表的编制以及填写工作已完成，出纳可据此为员工发放工资，员工可据此查看自己当月工资的具体构成，此工资表同时还在月底作为结算凭证入账。

工资表

20××年3月31日

序号	姓名	基本工资	交通补贴	餐补	话费补贴	加班工资	绩效奖金	请假扣除工资额	全勤奖金	工资总额	五险应扣额	住房公积金应扣额	个人所得税	实发工资
1	张三	3500.00	300.00	160.00	100.00	0.00	500.00	0.00	0.00	4560.00	276.50	276.00	0.00	4007.50
2	王小小	2000.00	200.00	220.00	50.00	0.00	0.00	0.00	200.00	2670.00	215.50	240.00	0.00	2214.50
3	魏征	6000.00	400.00	100.00	200.00	600.00	500.00	0.00	0.00	7800.00	452.50	600.00	52.43	6695.07
4	李明	8000.00	400.00	120.00	200.00	400.00	500.00	0.00	0.00	9620.00	637.50	720.00	97.88	8164.62
5	李四	2000.00	100.00	150.00	50.00	300.00	0.00	0.00	0.00	2600.00	215.50	240.00	0.00	2144.50

图 7-20　工资表

7.2.2　制作员工工资表图表

同样以某国际股份有限公司 20×× 年 3 月 31 日的部分员工工资表为例，工资表如表 7-2 所示。

表 7-2　部分员工工资表

工资表

单位：某国际股份有限公司　　　20××-3-31

序号	姓名	基本工资	工资总额	实发工资
1	张三	3500.00	3500.00	4089.57
2	王小小	2000.00	2000.00	2419.20
3	魏征	6000.00	6000.00	6406.52
4	李明	8000.00	8000.00	7673.00
5	李四	2000.00	2000.00	2352.70

制作员工工资表图表步骤如下。

① 单击 B4 单元格并拖动至 B8，按下 Ctrl 键不放，单击 E4 单元格并拖动至 E8，如图 7-21 所示。

工资表

单位：某国际股份有限公司　　20××-3-31

序号	姓名	基本工资	工资总额	实发工资
1	张三	3500	3500	4089.57
2	王小小	2000	2000	2419.2
3	魏征	6000	6000	6406.52
4	李明	8000	8000	7673
5	李四	2000	2000	2352.7

图 7-21　选中员工姓名及实发工资

② 单击工具箱中的“图表向导”按钮，弹出“图表向导-4步骤之1-图表类型”对话框。在“图表类型”列表框中选定一种类型（如柱形图），从“子图形类型”列表框中指定图形的形式，然后单击“下一步”按钮，弹出“图表向导-4步骤之2-图表源数据”对话框。

③ 单击“下一步”按钮，弹出“图表向导-4步骤之3-图表选项”对话框，在“图表标题”文本框中输入“部分员工工资图表”，如图7-22所示。

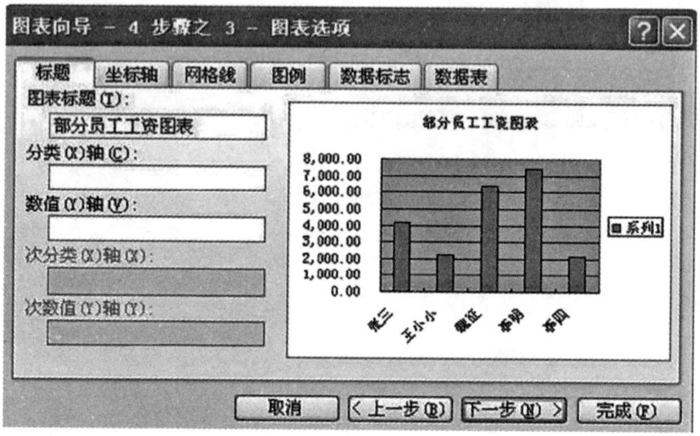

图7-22　输入“部分员工工资图表”

④ 单击“下一步”按钮，在出现的对话框中单击“完成”按钮，部分员工工资图表即制作完成，其结果如图7-23所示。

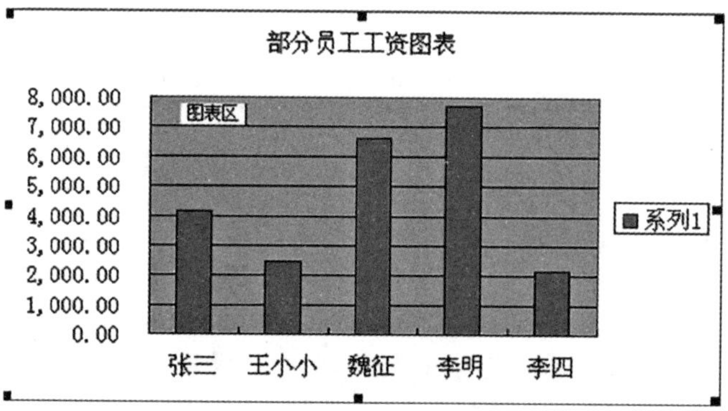

图7-23　部分员工工资图表

7.2.3　工资表的排序

以某国际股份有限公司20××年3月31日的部分员工工资表为例。

① 单击A3单元格，并拖动至E8，选中整个表格，如图7-24所示。

工资表				
单位：某国际股份有限公司			20××-3-31	
序号	姓名	基本工资	工资总额	实发工资
1	张三	3500	3500	4089.57
2	王小小	2000	2000	2419.2
3	魏征	6000	6000	6406.52
4	李明	8000	8000	7673
5	李四	2000	2000	2352.7

图 7-24　选中整个工资表

② 在菜单栏中，选择“数据”—“排序”命令，弹出“排序”对话框，如图 7-25 所示。

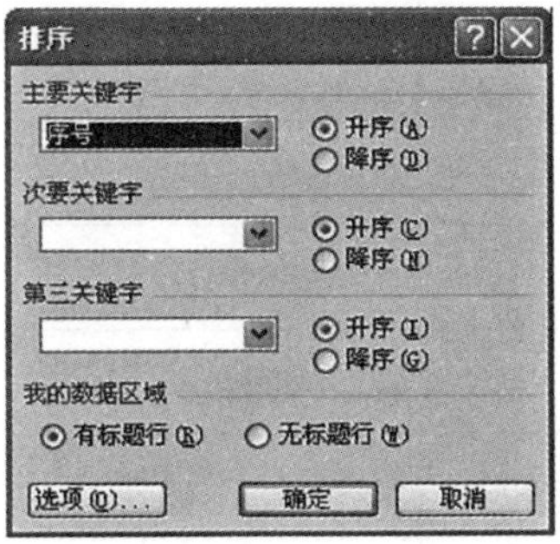

图 7-25　“排序”对话框

③ 在“主要关键字”下拉列表框中选择“实发工资”，选择“降序”，单击“确定”，则表格中的排列顺序按实发工资从高到低的降序排列，如图 7-26 所示。

工资表				
单位：某国际股份有限公司			20××-3-31	
序号	姓名	基本工资	工资总额	实发工资
4	李明	8000	8000	7673
3	魏征	6000	6000	6406.52
1	张三	3500	3500	4089.57
2	王小小	2000	2000	2419.2
5	李四	2000	2000	2352.7

图 7-26　按降序排列的部分员工工资表

7.3　财务报表的填制

会计每月月底要根据企业经营情况编制财务报表，即资产负债表及利润表，为企业经营者或者其他相关人员提供企业会计信息。在财务报表中，出纳主要接触的是资产负债表中的资产类科目以及利润表，下面就其相关信息的填制方法进行说明。

7.3.1 资产负债表

资产负债表主要表现了企业在某一特定日期的财务状况，包括资产、负债及所有者权益三大方面的内容，其格式如表 7-3 所示。

表 7-3 资产负债表

编制单位： 填表日期： 年 月 日 单位：元

资产	行次	期末余额	年初余额	负债和所有者权益	行次	期末余额	年初余额
流动资产：				流动负债：			
货币资金	1	0.00	0.00	短期借款	31	0.00	0.00
短期投资	2	0.00	0.00	应付票据	32	0.00	0.00
应收票据	3	0.00	0.00	应付账款	33	0.00	0.00
应收账款	4	0.00	0.00	预收账款	34	0.00	0.00
预付账款	5	0.00	0.00	应付职工薪酬	35	0.00	0.00
应收股利	6	0.00	0.00	应交税费	36	0.00	0.00
应收利息	7	0.00	0.00	应付利息	37	0.00	0.00
其他应收款	8	0.00	0.00	应付利润	38	0.00	0.00
存货	9	0.00	0.00	其他应付款	39	0.00	0.00
其中：原材料	10	0.00	0.00	其他流动负债	40	0.00	0.00
在产品	11	0.00	0.00	流动负债合计	41	0.00	0.00
库存商品	12	0.00	0.00	非流动负债：			
周转材料	13	0.00	0.00	长期借款	42	0.00	0.00
其他流动资产	14	0.00	0.00	长期应付款	43	0.00	0.00
流动资产合计	15	0.00	0.00	递延收益	44	0.00	0.00

续表

资产	行次	期末余额	年初余额	负债和所有者权益	行次	期末余额	年初余额
非流动资产：				其他非流动负债	45	0.00	0.00
长期债券投资	16	0.00	0.00	非流动负债合计	46	0.00	0.00
长期股权投资	17	0.00	0.00	负债合计	47	0.00	0.00
固定资产原价	18	0.00	0.00				
减：累计折旧	19	0.00	0.00				
固定资产账面价值	20	0.00	0.00				
在建工程	21	0.00	0.00				
工程物资	22	0.00	0.00				
固定资产清理	23	0.00	0.00				
生产性生物资产	24	0.00	0.00	所有者权益（或股东权益）：			
无形资产	25	0.00	0.00	实收资本（或股本）	48	0.00	0.00
开发支出	26	0.00	0.00	资本公积	49	0.00	0.00
长期待摊费用	27	0.00	0.00	盈余公积	50	0.00	0.00
其他非流动资产	28	0.00	0.00	未分配利润	51	0.00	0.00
非流动资产合计	29	0.00	0.00	所有者权益（或股东权益）合计	52	0.00	0.00
资产合计	30	0.00	0.00	负债和所有者权益（或股东权益）总计	53	0.00	0.00

资产负债表各科目均要填列“年初余额”和“期末余额”两栏。其中，“年初余额”栏内各项数字，应根据上年末资产负债表的“期末余额”栏内所列数字填列。

“期末余额”栏主要有以下几种填列方法：

① 根据总账科目余额填列，如“短期借款”“应付票据”“应付职工薪酬”等项目，根据“短期借款”“应付票据”“应付职工薪酬”各总账科目的余额直接填列；有些项目需要根据几个总账科目的期末余额计算填列，如“货币资

金”项目，需要根据“库存现金”“银行存款”“其他货币资金”三个总账科目的期末余额的合计数填列。

【例 7-3】某国际股份有限公司 20×× 年 4 月 30 日结账后的“库存现金”科目余额为 5000 元，“银行存款”科目余额为 1600000 元，“其他货币资金”余额为 300000 元。

该企业 20×× 年 4 月 30 日资产负债表中的“货币资金”项目金额为 5000+1600000+300000=1905000 元。本例中，企业应当将“库存现金”“银行存款”和“其他货币资金”三个总账科目的余额加总后的金额，作为资产负债表中“货币资金”项目的金额。

【例 7-4】某国际股份有限公司 20×× 年 4 月 1 日向银行借入一年期借款 320000 元，向其他金融机构借款 230000 元，无其他短期借款业务发生。

企业 20×× 年 4 月 30 日资产负债表中的“短期借款”项目金额为 320000+230000=550000 元。本例中，企业直接以“短期借款”总账科目余额填列在资产负债表中。

【例 7-5】某国际股份有限公司 20×× 年 4 月 3 日应付甲企业商业票据 32000 元，应付乙企业商业票据 56000 元，应付丙企业商业票据 680000 元，尚未支付。

企业 20×× 年 4 月 30 日资产负债表中的“应付票据”项目金额为 32000+56000+680000=768000 元。本例中，企业直接以“应付票据”总账科目余额填列在资产负债表中。

【例 7-6】某国际股份有限公司 20×× 年 4 月 30 日应付员工工资 300000 元，应计提福利费 42000 元，无其他应付职工薪酬项目。

企业 20×× 年 4 月 30 日资产负债表中的“应付职工薪酬”项目金额为 300000+42000=342000 元。本例中，员工工资和福利费都属于职工薪酬的范围，应当以各种应付未付职工薪酬加总后的金额，即“应付职工薪酬”总账科目余额填列在资产负债表中。

② 根据明细账科目余额计算填列。如“应付账款”项目，需要根据“应付账款”和“预付账款”两个科目所属的相关明细科目的期末贷方余额计算填列；“应收账款”项目，需要根据“应收账款”和“预收账款”两个科目所属的相关明细科目的期末借方余额计算填列。

【例 7-7】某国际股份有限公司 20×× 年 4 月底结账后有关科目所属明

细科目借贷方余额如表 7-4 所示。

表 7-4 科目借贷方余额表 单位：元

科目名称	明细科目借方余额合计	明细科目贷方余额合计
应收账款	100000	20000
预付账款	60000	5000
应付账款	70000	12000
预收账款	10000	85000

该企业 20×× 年 4 月 30 日资产负债表中相关项目的金额如下：

“应收账款”项目金额为 100000+10000=110000 元。

“预付账款”项目金额为 60000+70000=130000 元。

“应付账款”项目金额为 12000+5000=17000 元。

“预收账款”项目金额为 85000+20000=105000 元。

③ 根据总账科目和明细账科目余额分析计算填列。如“长期借款”项目，需要根据“长期借款”总账科目余额扣除“长期借款”科目所属的明细科目中将在一年内到期的长期借款后的余额计算填列。

【例 7-8】 某国际股份有限公司 20×× 年 4 月份长期借款情况如表 7-5 所示。

表 7-5 长期借款表

借款起始日期	借款期限 / 年	金额 / 元
20×× 年 4 月 1 日	3	120000
20×× 年 5 月 7 日	5	100000
20×× 年 3 月 10 日	4	200000

某国际股份有限公司 20×× 年 4 月底的资产负债表中“长期借款”项目金额为 120000+100000=220000 元。

注意：“长期借款”总账科目余额 120000+100000+200000=420000 元，减

去一年内到期的长期借款 200000 元，作为资产负债表中“长期借款”项目的金额，即 420000-200000=220000 元。

④ 根据有关科目余额减去其备抵科目余额后的净额填列。如“固定资产”项目，应根据“固定资产”科目的期末余额减去“累计折旧”“固定资产减值准备”科目余额后的净额填列。

【例 7-9】 某国际股份有限公司 20×× 年 4 月 30 日结账后，“固定资产”科目余额为 670000 元，“累计折旧”科目余额为 257000 元，“固定资产减值准备”科目余额为 76000 元。

某国际股份有限公司 20×× 年 4 月 30 日资产负债表中的“固定资产”科目金额为 670000-257000-76000=337000 元。

【例 7-10】 某国际股份有限公司 20×× 年 4 月 30 日结账后，“应收账款”科目所属各明细科目的期末借方余额合计 110000 元，贷方余额合计 20000 元，对应收账款计提的坏账准备为 13000 元，假定“预收账款”科目所属明细科目无借方余额。

某国际股份有限公司 20×× 年 4 月 30 日资产负债表中的“应收账款”项目金额为 110000-13000=97000 元。

【例 7-11】 某国际股份有限公司 20×× 年 4 月份交付安装的设备价值为 360000 元，未完成建筑安装工程已经耗用的材料价值为 70000 元，工资费用支出 115000 元，“在建工程减值准备”科目余额为 37000 元，安装工作尚未完成。

某国际股份有限公司 20×× 年 4 月 30 日资产负债表中的“在建工程”项目金额为 360000+70000+115000-37000=508000 元。

【例 7-12】 某国际股份有限公司 20×× 年 4 月 30 日结账后，“无形资产”科目余额为 730000 元，“累计摊销”科目余额为 69000 元，“无形资产减值准备”科目余额为 56000 元。

某国际股份有限公司 20×× 年 4 月 30 日资产负债表中的“无形资产”项目金额为 730000-69000-56000=605000 元。

7.3.2 利润表

利润表主要反映企业在一段时期内的经营情况。通过表格反映出来的会计信息，企业经营者或者其他相关人员可以了解企业一段时期内的收入、成本、费用以及盈亏情况。其格式如表 7-6 所示。

表 7-6　利润表

编制单位：　　　　填表日期：　　　　　年　　月　　日　　　　　单位：元

项目	行次	本月金额	本年累计金额
一、营业收入	1	0.00	0.00
减：营业成本	2	0.00	0.00
税金及附加	3	0.00	0.00
其中：消费税	4	0.00	0.00
城市维护建设税	5	0.00	0.00
资源税	6	0.00	0.00
土地增值税	7	0.00	0.00
城镇土地使用税、房产税、车船税、印花税	8	0.00	0.00
教育费附加、矿产资源补偿费、环境保护税	9	0.00	0.00
销售费用	10	0.00	0.00
其中：商品维修费	11	0.00	0.00
广告费和业务宣传费	12	0.00	0.00
管理费用	13	0.00	0.00
其中：开办费	14	0.00	0.00
业务招待费	15	0.00	0.00
研究费用	16	0.00	0.00
财务费用	17	0.00	0.00
其中：利息费用（收入以“-”号填列）	18	0.00	0.00
加：投资收益（损失以“-”号填列）	19	0.00	0.00
二、营业利润（亏损以“-”号填列）	20	0.00	0.00
加：营业外收入	21	0.00	0.00
其中：政府补助	22	0.00	0.00
减：营业外支出	23	0.00	0.00
其中：坏账损失	24	0.00	0.00

续表

项目	行次	本月金额	本年累计金额
无法收回的长期债券投资损失	25	0.00	0.00
无法收回的长期股权投资损失	26	0.00	0.00
自然灾害等不可抗力因素造成的损失	27	0.00	0.00
税收滞纳金	28	0.00	0.00
三、利润总额（亏损总额以“-”号填列）	29	0.00	0.00
减：所得税费用	30	0.00	0.00
四、净利润（净亏损以“-”号填列）	31	0.00	0.00

【例 7-13】 某国际股份有限公司 20×× 年 4 月份结账后，“主营业务收入”科目的贷方发生额为 1650000 元，“其他业务收入”科目的贷方发生额为 2000000 元。

某国际股份有限公司 20×× 年 4 月份利润表中，“营业收入”的项目金额为 1650000+2000000=3650000 元。

【例 7-14】 某国际股份有限公司 20×× 年 4 月份结账后，“主营业务成本”科目的借方发生额为 300000 元；20×× 年 4 月 21 日，销售给甲公司的一批产品由于质量问题被退回，该项销售已确认成本 110000 元；“其他业务成本”科目借方发生额为 80000 元。

某国际股份有限公司 20×× 年 4 月份利润表中，“营业成本”的项目金额为 300000−110000+80000=270000 元。

【例 7-15】 某国际股份有限公司 20×× 年 4 月份，“主营业务收入”科目发生额为 1650000 元，“主营业务成本”科目发生额为 300000 元，“其他业务收入”科目发生额为 2000000 元，“其他业务成本”科目发生额为 80000 元，“税金及附加”科目发生额为 360000 元，“销售费用”科目发生额为 60000 元，“管理费用”科目发生额为 50000 元，“财务费用”科目发生额为 170000 元，“营业外收入”科目发生额为 100000 元，“营业外支出”科目发生额为 140000 元。

某国际股份有限公司 20×× 年 4 月份的营业利润为 1650000+2000000−300000−80000−360000−60000−50000−170000=2630000 元。

某国际股份有限公司 2026 年 4 月份的利润总额为 2630000+100000−140000=2590000 元。